刘历红 著

选择 改变

怎样成为一名研究型教师

中国轻工业出版社

图书在版编目（CIP）数据

选择改变：怎样成为一名研究型教师/刘历红著.—北京：中国轻工业出版社，2024.1

ISBN 978-7-5184-4585-1

Ⅰ.①选… Ⅱ.①刘… Ⅲ.①中小学—师资培养—研究 Ⅳ.①G635.12

中国国家版本馆CIP数据核字（2023）第198742号

责任编辑：郭挚英　　　　责任终审：高惠京　　整体设计：锋尚设计
策划编辑：刘忠波　郭挚英　责任校对：朱燕春　　责任监印：张　可

出版发行：中国轻工业出版社（北京鲁谷东街5号，邮编：100040）

印　　刷：艺堂印刷（天津）有限公司

经　　销：各地新华书店

版　　次：2024年1月第1版第1次印刷

开　　本：710×1000　1/16　印张：12.25

字　　数：176千字

书　　号：ISBN 978-7-5184-4585-1　定价：49.80元

邮购电话：010-85119873

发行电话：010-85119832　010-85119912

网　　址：http://www.chlip.com.cn

Email：club@chlip.com.cn

如发现图书残缺请与我社邮购联系调换

230600Y1X101ZBW

序

关于什么是教育学和教育学体系的层次结构

继《选择相信：在心理实验中发现教育解困的密码》一书出版问世之后，刘历红博士又给我寄来她将要付梓的第二本著作的书稿《选择改变：怎样成为一名研究型教师》。

我在为她的上一本书写的"序"中，提出了一个"教育是什么"的问题。我想，此文就从"什么是教育学"这个问题谈起。

什么是教育学？教育学就是教育科学，是教育的一种理论形式。教育指的是全人类的教育，在时间上包括自有人类以来的一切教育现象，在空间上是指地球上任何地域、任何国家、任何民族所存在的所有教育现象，就教育的对象而言，它包括一个人从出生到死亡所接触到的一切教育现象和教育问题。

形式是什么？形式是用来表现内容的。内容和形式是辩证法诸范畴中的一对范畴。内容和形式的关系是第一性和第二性的关系。也就是说，内容决定形式，形式是由内容决定的。有什么样的内容，就有什么样的形式。但是，内容的表现形式却是多样的。齐白石画的一棵白菜、两根葱，这是齐白石对白菜和葱所做出的一种美术表现形式，或称艺术形式。但如果由一位植物学家或营养师来向人们介绍白菜和葱，指出白菜和葱的结构、性能、生长规律，甚至分析其营养价值和药用价值，那就是对白菜和葱的另一种表现形式了，是对白菜和葱这两种植物、食材所做的一种科学分析和学理说明。教育学家对教育这种社会现象所做的理论分析、梳理和说明，也类似于人们对白菜和葱的说明和分析，都是在科学理论范畴下的一种活动方式。

教育现象一直广泛存在于人们的社会生活之中，贯穿了一个人从生到死的全部生命过程。在今天表现得尤为复杂、多样，要对它做全面、系统、完整的理论梳理、分析和说明，就不是一本书所能包括得了和所能胜任的，而必须由众多教育学科组成的学科群方有可能。这便是我们今天所称的教育学体系。

目前教育学体系可概括为宏观的、中观的和微观的三个不同层次，也形成了理论教育学、部门教育学、边缘教育学和应用教育学四个不同部分，它们都体现着"理论与应用"这一科学基本秩序。

这四个部分与宏观的、中观的和微观的这三个层次之间具有或对应或归属的关系。如理论教育学和宏观教育学就是完全对应的，应用教育学和微观教育学也是对应的关系。教育学体系中的教育学原理这门学科，既可称之为宏观教育学，也可称之为理论教育学或一般教育学，而小学语文教育学、小学美术教育学之类学科，既可称之为微观教育学，也可称之为应用教育学。而部门教育学、边缘教育学和有关教育活动与过程的如教学论、教育论、学习论、课程论以及如幼儿教育学、家庭教育学等学科，则只能归属到中观教育学这个层次。

理论是人们对事物本质、规律和其内在联系的认识，是由一系列具有内在联系的概念原理组成的观点体系。

理论的本质是多方面的，而且是有秩序、有层次的，有轻有重、有深有浅的。我们可以从诸多本质依次排出它的一级本质、二级本质、三级本质。对教育学这门理论学科来说，所谓一级本质，是宏观教育学所要研究的范围，所谓二级本质，是教育学中观层次诸学科所要研究的范围，所谓三级本质，是微观教育学所要研究的范围。

比如教育学原理以讲述理论为主，特别是以讲述一般的、宏观的教育理论为己任的。把一些教育学中最基本的理论问题讲准、讲深、讲透、讲明白，使整个教育学体系得以建立在一个坚实的理论基础之上，是教育学原理所担负的最根本的学术使命。

而微观教育学诸学科则与此相反，是以应用为主。当然，作为一种教育学科，它也讲理论，但其理论多以人的生理、心理、思维等的学科为主，与教育的对象保持着密切联系，十分注重教育的实践性，把教育活动和人的心理认知结合起来，从而打通教育学、心理学和人的思维之间的学科界限，因而具有很大的可操作性，是教育学体系中最接地气的教育学科。

刘历红的先后两本著作在教育学体系中均属于微观层次的研究，是最接地气的教育研究，因而也最具有可操作性和应用性。这类著作最具广大的读者群体，也最容易受到人们广泛关注。

刘历红从教以来直至今天，一直生活、工作在教育教学的第一线，和一线的教师们不论在工作上、生活上、心理上都保持着最密切的联系，奔波、穿梭在老师们中间，脚踏实地，倾听心声，休戚与共，心心相印。这是进行此类教育研究的一个很重要的条件。她从事学习、研究总是有一种刻苦、认真、执着、谦虚求知和求教的精神，她身上始终燃烧着引导她不断进步和向上发展的火焰。这正是她容易发现教育解困的密码的契机之所在。

教育学作为一门理论学科和一门学问，从根本上来说，它的作用是指导教育实践，本质上还是一门实践学科，它的生命力全部在其所具有的指导实践的能力的有效性和力度上。它应该是广大教育工作者积极投入教育实践和经验总结，以及从事教育研究的"武器"与推进、发展教育科学事业一个极重要的源泉。现在，走在教育研究道路前面的刘历红又在向人们呼喊：选择改变。她在探寻广大中小学教师走上教育研究的密码，让更多的教师跨过门槛，成为研究型教师，她在挖掘、释放中小学教师身上蕴藏的巨大研究潜能。

胡德海

2023年2月9日

于兰州市西北师范大学5-105寓所

自序

在人工智能时代，成为研究型教师才能更好地生存与发展

  毫无疑问，Chat Generative Pre-trained Transformer（英文缩写为ChatGPT）人工智能聊天机器人作为Artificial Intelligence（英文缩写为AI，人工智能）的典型代表，自2022年年末以来成为备受全球瞩目的焦点。这款机器人自2022年11月30日由美国OpenAI公司推出以来，在不到3个月的时间内就吸引了1亿多活跃用户，被称为史上用户增速最快的应用程序。微软创始人比尔·盖茨认为，ChatGPT将"改变世界"；但语言学家诺姆·乔姆斯基则表示，ChatGPT"本质上就是高科技剽窃"和"避免学习的一种方式"。ChatGPT因具有强大的解题能力和写作功能，成为教育与学术界关注的焦点。[①]

一、人工智能机器人是否会取代教师

  记得2018年10月，我参加在日本东京举行的第十届亚洲教育年会（The

[①] 周洪宇，李宇阳. ChatGPT 对教育生态的冲击及应对策略［J/OL］. 新疆师范大学学报（哲学社会科学版）. https://doi.org/10.14100/j.cnki.65-1039/g4.20230224.001. 网络首发时间：2023-02-27.

Asian Conference on Education）时，聆听了一位美国学者在主会场发表的"AI是否会取代教师"的主题报告。当时，我的第一反应是AI无法取代教师，因为教师不单纯传授知识，而是以知识为载体实现育人目的。教师对学生有精神引领、情感支持等，这是机器人难以做到的，因而教师无法被AI取代。但在与身旁一位外国学者讨论时，他的观点让我对自己的判断产生了怀疑。他认为，单纯传授知识、情绪波动大、对学生发展不能做出即时且正向的激励性评价的这类教师将会被AI取代。因为AI机器人不仅在传授知识上具有优势，而且情绪稳定，同时还能给学生即时的积极反馈。2019年春节，在和朋友聚会时，即将医学博士毕业的朋友告诉我们，毕业后若是想留在母校的附属医院工作，只能成为功能科的大夫，无法继续当肿瘤科大夫。她的母校在广东，在那里，功能科大夫的岗位已经出现被机器人取代的情况。鉴于此，她只好选择回到读博前我们所在的中原地区的一家省级肿瘤医院就业，在那里可以继续做有处方权的肿瘤科大夫。

在短短半年内，亲历了"AI是否会取代教师"的讨论，再到身边的朋友切身感受到AI正在取代部分医生的工作，这种冲击对我而言岂是"强烈"二字所能概括的，一种从未有过的危机充斥着我的内心，"人工智能时代，教师何以生存与发展"这个问题从那时起就萦绕在我脑海中。而吴军"计算机科学家为你讲解人工智能"的在线讲座则将我引向深入思考。

据吴军老师的分析，ChatGPT作为AI发展的典型代表，已拥有2000亿个参数，其发展得益于深度学习研究。它具有经过强化的AI深度学习模式，是Artificial Intelligence Generated Content（英文缩写为AIGC，人工智能内容生成技术）的最新成果。所以ChatGPT具有智能特性，既能和用户在同一语境下持续聊天，根据前后文实现互动，又能帮用户制作个人简历或求职信，还能完成诗歌、小说、论文撰写，代码编写与修改，企划案撰写等工作，甚至能陪用户玩游戏。[①]

[①] 沈书生，祝智庭. ChatGPT 类产品：内在机制及其对学习评价的影响 [J/OL]. 中国远程教育. https://kns.cnki.net/kcms/detail//11.4089.G4.20230223.1513.002.html. 网络首发时间：2023-02-27.

正是因为AI的强大功能，各行各业都产生了不同程度的危机感，教师这个自古至今承担着"传道授业解惑"责任的职业，也受到极大挑战。有人说，因为育人的情感性，对教师依恋程度高、自身下指令能力弱、年龄小的孩子的教师被替代的可能性小，所以幼儿园、中小学教师的生存概率远高于大学教师的。也有人说，今后教师的主要任务是育人，AI机器人的任务是辅助教师教学。还有人说，国外的一些大学已经禁止学生使用AI机器人，所以只要禁止使用此类产品，教师就不会被AI机器人所取代，等等。各种说法莫衷一是，进一步加剧了部分教师的忧虑。而对AI发展知晓度低的教师来说，似乎是否会被AI取代这件事距离他们还很遥远。囿于认知盲区，一些人对此毫不关心的现象也不少。对此，我认同吴军老师的观点。他从历史发展的角度分析，认为对待新生事物，拒绝将导致灭亡，接受将诞生新的文明。对于AI也是一样，一味拒绝，必将被时代抛弃；主动研究，积极提升数字化素养与信息化技术，对AI针对性应用，才能顺应时代发展趋势，并创造人与AI机器人和谐共生的新文明。

二、ChatGPT迫使我们追问人之为人的根本所在

应该说，AI机器人是人类可以驾驭的工具。当前，之所以人们对这种工具产生了忧虑甚至恐惧，很大程度上是因为AI机器人具有的迭代发展能力，因为决定其发展的参数可以累加，所以AI机器人可以持续发展，甚至是无限制发展。尤其是在AI机器人具有学习能力后，当我们对它的学习能力产生的结果不可控时，面对潜在的未知因素及由此导致的各种风险，我们难免焦虑甚至忧虑。我们认为，消除当下与未来焦虑的方式是理性分析人之为人的根本所在以及人机之间的本质差异，重视发展人之为人的素养，才能促使人更好地发展，更好地驾驭AI。

其一，从生理角度看，人是有血有肉的生命体。和冰冷的机器相比，人的血是热的。但恰因如此，也表明人的生命是脆弱的。其二，因为人是有生命的，所以人的情感是丰富的，但情感越细腻越丰富，意味着越容易为情所困，越容易因情感波动导致智能下降甚至为情所伤。同时，人的情感性还隐含着人与人之间存在情感与表达等方面的差异，也就是个体的爱的能力存在差异，这常常导致情感

错位。而AI机器人在"情感、情绪"表现方面似乎更为稳定。其三,人是有自我意识的,正因如此,难免会产生自我冲突;同时,人具有自由意志,如果自由意志被限制、被压制,常常会引发各种矛盾甚至导致战争。截至目前,各类研究尽管在测查AI机器人是否具有自我意识,但结论尚不明确。其四,人有问题意识,而且专业水平越高则问题意识越强,而AI机器人目前似乎更多的是解决问题,尤其是聊天机器人主要是根据输入的指令解决问题,还不具备发现问题的能力。其五,人具有原创能力,但人的原创能力无论是技术还是知识都需从头学起,而无法直接借助外力实现原创,或者说,当人不能理解前人创造的知识、不能灵活应用已有的知识或技术时,就无法进行原创,所以原创需要长时间学习前人创造的知识,也就是要在巨人的肩膀上前进,难以实现空中楼阁式的接续。这表明,人类文明的传承需要一代又一代人通过学习,通过丰富的生活体验、系统的学习经验,实现继承与发展,做不到像AI机器人那样在已有的基础上接续式推进。人在学习中是有惰性的,做不到像机器人那样,只要有能量储备就能随时完成指令下达的任务。而且人的学习受体能、智能、兴趣、毅力等诸多因素的限制,单纯从承载知识的量的角度,人根本无法和机器人抗衡,因为机器人语料库的参数从理论意义上来说是可以无限增加的。因此,就目前而言,ChatGPT还做不到原创,它只是在语料库中对已有知识进行识别与拼凑,所以吴军老师认为,如果说ChatGPT会取代某些职业的话,99%没有原创能力的岗位都有可能被取代。

通过对人和AI机器人的差异性分析,可以发现,人之为人的根本所在至少有三点:第一是爱。襁褓中的婴儿还没有学习知识就能感受爱,而且爱的满足与否直接影响他是否能健康发展,所以爱的需要、爱的能力、爱的付出是人之为人的根基所在。[①]就此而言,教育是大爱的艺术。教育现象学创始人马克思·范梅南先生提出,教育机智的产生是教师内心深处有父母替代者的角色意识。舍此,则难以在纷繁复杂、瞬息万变的教育情境中瞬间做出机智的行为。有人说,认真的教师教知识,优秀的教师教方法,智慧的教师点化生命。AI时代,呼唤

---

① 刘历红. 选择相信:在心理实验中发现教育解困的密码[M]. 北京:中国轻工业出版社,2021:46.

智慧型教师，需要研究型教师。有教育智慧的教师的底层逻辑是，人是第一位的，学生这个人本身及他的健康发展是教师关注的首要因素，因此心中始终有学生是智慧型教师的突出特点。第二是发展学生的自我意识。学生是独立的个体，自我意识的发展是学生内在发展的需要，所以尊重、引导学生自我意识发展是促使人之为人、促进学生健康发展的关键因素。但在这一点上，常常会出现错位，所以需要教师高度警惕。要特别警惕的是，以教师的自我意识包办、替代甚至限制学生自我意识发展的现象。对此，要明白，人是意识的载体，对人的存在与发展的哲学思考应该是教师教育教学的底层逻辑，学生的体验是其自我意识形成与发展的关键，而差异性分析是自我意识发展的基本方法。[①]第三是培养学生的问题意识。爱因斯坦曾说过，发现问题比解决问题更重要。这一点，在当下人和AI机器人的比较中显得尤为重要。其实孩子天然具备问题意识，但在规训化尤其是标准答案的束缚下，孩子的问题意识常常被限制甚至被扼杀。在发展学生核心素养的新时代，培养学生问题意识已备受重视。无论是培养学生的问题意识，还是发展学生的核心素养，都需要研究型教师的创造性劳动。

三、人工智能时代需要促进思维发展

　　为了检测聊天机器人的思维结构层次，我们在微信上让机器人做了3道初中二年级的语文题。例如输入问题：《桃花源记》中的世外桃源是一个怎样的社会？得到的答案：《桃花源记》描写的世外桃源是一个没有统治者、没有私有制、没有阶级差别、原始互助的理想社会。这个社会没有战争、没有贫富之分，人们过着自给自足的生活，安居乐业，和睦相处。此外，人们实行了公共利益高于个人私利的原则，不会增加生产力的节日和仪式都被废除，以便更加专注于生产和互助活动。这一社会在小说中被描述为人世间世界的理想化的自给自足农

---

① 刘历红. 论结构化意识下的中学体育教学［J］. 当代教育与文化. 2020（3）：52-58.

村社会，它所体现的原始互助和人与自然的和谐，无疑成为文化的精神寄托。语文教师对ChatGPT的答题质量进行了现场评价，认为聊天机器人可以完成单个知识点的任务，尽管答案啰唆、表达不精练，但是正确的。但对关联结构的任务ChatGPT输出的答案是错误的，如请它回答"《核工记》和《核舟记》在写作特点上有何相似之处和不同之处"时，它输出的3段答案都是错误的；而请ChatGPT完成"'之'做动词在'统编版教材'中出现过多少次"的总结归纳性任务时，得到的答案：很抱歉，作为一个语言模型AI，我无法查询……。请问有什么其他问题我可以帮您解答吗？

思维结构有"前点结构、单点结构、多点结构、关联结构、抽象延展"5个层次，层次越高，思维能力越强。通过实践检验，可以让学科教师对发展思维结构层次有进一步的认识。通过可观察的学习结果，如语言表达、文字表达、图像表达、肢体表达等方式，可以测查出思维结构所处的层次，从而让隐性的思维显性化，因此想方设法促进隐性思维显性化是发展思维能力的重要前提。当然，促进的方式是多种多样的。不过殊途同归，最终都需要落脚在思维上。

实质上，中考、高考的指挥棒对学生的考查方向已经发生转变，测查学生思维结构层次成为考试命题、人才选拔的理论依据。对此，教师需要深入研究。重点要研究如何通过课堂教学促进学生思维结构层次实现进阶，从而发展学生思维能力。[①] 林崇德先生曾说过，思维是核心素养的核心。现在看来，思维还是人驾驭、发展AI机器人的根本。我们认为，判断能否应对AI机器人挑战的根本，是要看人的思维能力水平是领先还是滞后于机器人的智能发展水平。领先即可驾驭，滞后则被取代。所以，AI时代人应全面发展，尤其是要促进思维发展，这意味着教师要自觉追求高质量发展，主动拒绝平庸，自觉进行研究。

促进学生思维结构层次进阶，发展思维能力水平，需要转变教学目标重知识的倾向，要求教师有意识地将发展思维作为教学的重点目标，以知识为载体，重视对学习方法尤其是思维方法的指导、总结、评价和反思，要打破掌握了知识就

---

① 王力争，刘历红．"望闻问切"：给结构化教学做健康体检［J］．当代教育与文化．2022（5）：69-75.

完成了任务的思维局限，要想方设法用科学的方法促使课堂提质增效，在多快好省地掌握知识的基础上，引导学生分析学习过程中应用的方法，提取这些方法共同的规律与原理，并对其进行结构化提炼，进而概括出学习某一类知识的基本思路、基本方法等，在让知识从点到面到体再到系统的过程中，建构知识相互关联、抽象延展的网络，提升学生举一反三，创造性运用所学知识解决新情境、综合性、复杂性问题的能力。从小到大，从基础教育到高等教育，如果学生都能这样高质量地学习，那么提高思维能力，拒绝平庸，就不会成为空话、套话，而是能生动体现在学生身上。

教师培养学生思维能力的前提是自己要首先具备高水平思维能力，否则难免会因自身思维的局限制约学生思维的发展。这需要教师坚持终身学习，需要教师具有研究意识与能力。教师的研究能力不仅是教师专业水平的体现，还是能否感悟教育成就感的路径，对此苏霍姆林斯基曾说过，让教师摆脱日复一日的重复劳动、走上幸福道路的方式就是帮助教师走上研究道路。我们认为，教师坚持终身学习，主动开展研究，重视自身思维能力发展，拒绝平庸，是教师应对AI时代保障生存与发展的根本做法，应该成为教师角色重建中高度重视的要素。

人工智能时代，可以初步得出这样的判断：教知识的教师将被淘汰，难以生存；教知识生产的教师将会得到重用，创造发展机遇。同时，仅仅学习知识的人将找不到工作，而学习生产知识的人将大获成功。

人工智能时代，建设教育强国，需要教师创造性地工作

2023年，教育部下发了《基础教育课程教学改革深化行动方案》，教育部等联合印发了《关于加强新时代中小学科学教育工作的意见》，这些文件是对党的二十大报告提出的"加快建设教育强国、科技强国、人才强国""加快建设高质量教育体系"等内容的具体化。如何贯彻落实是新时代中小学教师面临的现实课题与历史挑战。唯有创造性的工作才能把国家统一制定的育人"蓝图"细化为学校的育人"施工图"，才能明确课程教学改革的具体路线、措施。

中小学教师创造性的工作体现在教育教学的全过程，彰显在促进每一个学生全面健康发展上。一是能用研究的视角审视教育教学现象，善于发现问题，并能抓住本质，创造性地解决问题。二是能用研究的方法开展教育教学活动，主动变革育人方式，让自身的教学方式、学生的学习方式发生深刻变革，让课堂成为学的课堂，彰显生命活力。三是尊重规律，能从立足当下、赢得未来的角度培养学生的问题意识，发展学生的思维品质，让核心素养落地。我所在的银川三沙源上游学校，自2016年创建至今，一直坚持探索普通高中教学方式变革的育人途径，积极探索"问题导学、自主先学、小组互学、全班共学、应用测学、复盘存学"的结构化教学模式，有效解决了学校教学关键环节和重点领域中存在的问题，在实现学生"低进高出、高进优出、批量逆袭"的喜人效果的同时，还促使一批教师走上研究道路。2020年，学校被命名为宁夏第一个"自治区普通中学教育暨学术型教师专家服务基地"。

为了深入探寻中小学教师走上研究道路的契机，我访谈了全国不同城市的16位教师，整理他们走上研究道路的故事，结果发现，他们走上研究道路的契机各不相同，却有章可循。若按契机发生时间的先后顺序，有4位教师走上研究道路的契机在职前就已出现，其中有两位受到家庭的影响，父亲的影响使他们从小就产生了爱琢磨、勤思考的研究意识或产生了当好老师的梦想；还有两位老师走上研究道路的契机来自本科期间的学习，在完成本科毕业论文时，受指导教师的影响，一位通过做实验研究，另一位通过毕业论文的发表，让他们比其他老师更早地走上了研究道路。16位中小学教师中75%的教师走上研究道路的契机发生在职后。也就是说，在中小学校有更多的教师是在走上工作岗位之后，在教育教学实践的过程中，逐步走上研究道路的。需要注意的是，尽管他们走上研究道路在时间维度上存在一致性，但仔细分析会发现，促使他们走上研究道路的契机却是多样的和多元化的。比如，有的教师是通过教研员的引领，有的教师是通过自己研究高考题或追问自己到底要教什么，有的教师是通过对学生的观察、对学生的反馈、对学生和自己人生的思考，还有的教师是因为工作需要或成长需求，也有的教师是因为学校提供的研究平台等，不同的契机使他们在职后最终都走上了研究的道路。

本书前两章讲述的是研究契机发生在入职前的4位教师的故事，分析家庭教育和本科学习对他们走上研究道路的影响与作用；3~7章叙述了研究契机发生在入职后的12位教师的故事；最后论述了中小学教师走上研究道路的内在机制。

正所谓，条条大道通罗马。在中小学教育教学实践的田野上，走上研究的道路有千万条。期望能抛砖引玉，唤醒更多教师，躬耕研究，用创造性的探索让研究的田野阡陌纵横，希望每位教师都能找到最适合自己的那条研究道路。

建设新时代高质量教师队伍，需要更多中小学一线教师早日走上研究的道路。

目 录

第1章　来自家庭的影响　001

第1节　在爱思考的爸爸影响下逐步走上研究道路　002
研究意识的源头：受爱思考的爸爸影响　002
写作意识萌生：受同学成功发稿的启发　003
学做研究：本科时无成果但有过程体验　003
研究提升：到上游学校后在实践中研究　004
成果撰写：最重要的是对稿子反复修改　005
成果转化：前提是做得好，关键是控得深　006
刻意训练：打通教师成果转化的最后一公里　006
观点：多琢磨、多思考，找实质、找规律　007
历红感悟：孩子的研究意识该如何启蒙　008

第2节　在追求成为好老师的梦想中走上研究道路　010
梦想：从小就想当让孩子喜欢的好老师　010
种子：好老师是研究型教师，不是教书匠　011
行动1：备课，学习自己钦佩的王老师　011
行动2：初次写论文，用的是最笨的方法　012
行动3：质的转变，聚焦主题扎根课堂　013
小结：研究，走向梳理自己的教学主张　014
历红感悟：心中有梦，就无惧艰难险阻　015

第2章　来自本科的学习　017

第1节　在大学做实验觉得有意思，走上研究道路　019
毕业论文：在小学语文学科做实验研究　019

　　　　不想再碰：几次做课题付出多，但无结果　　020
　　　　校长支持：不要太功利，放心尝试　　021
　　　　进入中层：思考怎样更好地做实践研究　　021
　　　　渐入佳境：立足学校实际，解决现实问题　　022
　　　　躬行实践：兼任班主任，补其研究短板　　023
　　　　提质增效：做事情要换位思考，科学统筹　　025
　　第2节　本科论文发表，初登讲台就走上研究道路　　027
　　　　高起点：本科毕业论文被学术期刊采用　　027
　　　　发展点1：为职评的顺利晋级而写论文　　029
　　　　发展点2：为寻求职业突破，读教育硕士　　030
　　　　发展点3：超越功利，坚持探索，渐成特色　　032
　　　　观点：研究要立足工作，产生思考，指导实践　　034

第3章　来自教研员的引领　　035

　　以珍惜锻炼机会之心做事，走上研究道路　　036
　　　　运气：初入职场，好机会就砸中了小年轻　　037
　　　　养成了好习惯：每天晚上反思当天的课　　038
　　　　竞赛：没想到首次参与就获得了好成绩　　038
　　　　积极做好事：所有的付出都为发展奠基　　039
　　　　系统研究：带乱班，学生变化大，回应质疑　　039
　　　　走上管理岗位：在更大的平台上做好事　　041
　　　　创立自觉数学教育：在实践中孕育理论　　042
　　　　历红感悟：研究需以积极的心态做支撑　　045

第4章　来自自己的探索　　047

　　第1节　因琢磨讲清概念和秒杀题，走上研究道路　　049
　　　　起步：在做题中发现并坚持琢磨的问题　　049
　　　　发展1：首次发文写的是一道高考错题　　051
　　　　发展2：从写解题类文章到写教学类文章　　051

　　　　发展3：重思维育人，逐步形成教学特色　　　　052
　　　　观点1：研究就是做些人家没做的事情　　　　054
　　　　观点2：研究契机就蕴藏在教学生成中　　　　054
　　　　历红感悟：在坚持思考创新中厚积薄发　　　　055

第2节　在思考"教给学生什么"中走上研究道路　　058
　　　　持久的困惑：生物到底要教给学生什么　　　　058
　　　　结构化1：修正认知结构，揭示本质规律　　　　060
　　　　批判性思考：引起重视并迈上了新台阶　　　　061
　　　　深思：什么样的问题是真正的核心问题　　　　062
　　　　兴奋：批判性思维是能解决问题的理论　　　　063
　　　　结构化2：自身的反思意识是最重要的　　　　064

第5章　来自学生的触发　　067

第1节　受学得不拼但成绩特好的学生启发，走上研究阅读路　　069
　　　　契机：缘于26年前双胞胎姐妹的故事　　　　069
　　　　推进1：从读报纸、读期刊到读整本书　　　　070
　　　　推进2：从整本书阅读逐步到专题阅读　　　　071
　　　　推进3：阅读从重读和写到重思维训练　　　　072
　　　　推进4：站在孩子终身发展立场上　　　　073
　　　　推进5：终身阅读者必然是终身学习者　　　　073
　　　　历红感悟1：研究阅读教师须是阅读者　　　　074
　　　　历红感悟2：让眼前与长远收益看得见　　　　075
　　　　历红感悟3：如何能得到丁老师的真传　　　　077
　　　　历红感悟4：望阅读教学抵达"玄"的境界　　　　078

第2节　在探索助力学生长远发展中走上研究道路　　080
　　　　刺激1：学生反馈，中学背单词方法差　　　　081
　　　　前奏：在职读硕，相关课程催生新思考　　　　081
　　　　刺激2：孩子学字，调整学法后的感悟　　　　083
　　　　刺激3：学生反馈，高中学法有负作用　　　　083

　　　　研修：赴英研修3个月，写作水平跃升　　　　　　084
　　　　全面变革：用最少的时间高效地学英语　　　　　　085
　　　　追问1：怎样用讲语文的方式去讲英语　　　　　　086
　　　　追问2：怎样理解研究的概念及其内涵　　　　　　086
　　　　接受访谈的感悟：理论很重要，触动特别大　　　　087

　第3节　在"我也可以这样做"的感叹中走上研究道路　088
　　　　关注1：那些一直想被我们看见的孩子　　　　　　088
　　　　关注2：综合实践活动的常态有效实施　　　　　　089
　　　　关注3：教师是有效和谐关系的连接者　　　　　　090
　　　　迷茫：被点拨，挤时间，自律，品质进阶　　　　　092
　　　　观点：研究是对某个问题有兴趣想解决　　　　　　093
　　　　心声：教师需要能够助力成长的教研员　　　　　　093

　第4节　在思考自己和学生的人生中走上研究道路　　　095
　　　　思考1：和发小因何有了那么大的差距　　　　　　096
　　　　思考2：农村孩子的人生怎样能宽广些　　　　　　096
　　　　思考3：教育方法不得当是可以毁人的　　　　　　097
　　　　行动：让不说话的孩子欢呼　　　　　　　　　　　098
　　　　思考4：让每个孩子成为眼里有光的人　　　　　　098
　　　　历红感悟：点亮人生，让孩子眼里有光　　　　　　099

第6章　来自发展的需要　　　　　　　　　　　　　102

　第1节　为把工作做好走上研究的道路　　　　　　　　104
　　　　个人发展：以时间为轴，梳理成长节点　　　　　　104
　　　　发展1：从站稳讲台到省级优质课获奖　　　　　　105
　　　　发展2：从管课题到创网络教研共同体　　　　　　105
　　　　发展3：回归课堂，研究从需要到使命　　　　　　109
　　　　问题串：从对研究的界定、理解到感悟　　　　　　109
　　　　历红感悟：在研究进阶中渐渐觉悟　　　　　　　　110

　第2节　在学教学的成长历程中逐渐走上研究道路　　　113
　　　　研究的初始阶段：更多的是学教学技能　　　　　　113

	第二阶段：基于教学问题的针对性探究	114
	攻读教育硕士：学习思考中体验幸福感	115
	3年考博：不懈奋斗终于踏上学术征程	117
	创生意义：很喜欢看书、研究和带学生	118
	观点：研究是追问实践问题的能动过程	119

第7章　来自学校平台的助力　　120

第1节	凭借认真的好习惯，顶住压力走上研究道路	123
	自述：到上游学校后才开始真正做研究	123
	追问1：到上游做研究和之前有何差异	124
	追问2：对研究的界定、理解与感受	125
	追问3：课堂教学从郁闷到愉悦的做法	126
	追问4：课堂教学前后对比出现的差异	126
	历红感悟：中小学教师研究潜能待挖掘	130
第2节	在琢磨和探索词块教学中走上研究道路	132
	回忆1：在英国留学期间寻找词块的根	132
	回忆2：读书为我打开了一扇又一扇窗	133
	回忆3：当上备课组长后我感觉成了您	134
	结构化：词块教学的结构、做法、成效	135
	历红感悟：研究就是一种创造性的工作	137
第3节	迫切想改变时在学校助力下走上研究道路	139
	机缘巧合：因几件具体事迈过研究门槛	140
	具体做研究：发现自己知识有限，主动读书	141
	研读专业著作：受到几个人很大的影响	141
	拍案叫绝：王荣生老师的语文课程理论	142
	相见恨晚：孙绍振老师的文本解读方法	143
	非常振奋：李海林老师论教师二次成长	144
	自觉改进：实践过程中总觉得学得不够	145
	找到榜样：熊芳芳老师提供了实践案例	146

第 8 章　破解密码　　　　　　　　　　149

中小学教师走上研究道路的内在机制　　　151
　　注意唤醒：哪些中小学教师容易被唤醒　　151
　　行动起来：二维六层让研究行为有张力　　154
　　一维：遇到自己的重要他人，成为学生的重要他人　　154
　　二维：全身心投入着眼发展的教学要事　　155

后记　特别想知道中小学教师是怎样走上研究道路的　　　169

　　缘起：一位教师的提议　　169
　　发现：比较结构产生了新问题　　169
　　设计：访谈16位中小学教师　　170
　　论证：专家把关　　171
　　反馈：访谈对象的积极回应　　171
　　概念：我对研究的界定与思考　　172

第 1 章　来自家庭的影响

　　家庭是孩子成长的第一个课堂，家长是孩子的第一任老师，家庭对孩子成长的影响深远而持久。孩子成人、成才的路上，时常出现父母的影子，时常出现家庭教育的痕迹。在探寻中小学教师走上研究道路的密码时，被访谈的于瑶在追溯自己走上研究道路的源头时说是受爸爸的影响，宋君也表示受曾任中学教师、后当教研员的父亲的影响，从小就想当老师，当好老师……

　　家庭教育，从古至今都备受重视。2022年1月1日起施行的《中华人民共和国家庭教育促进法》对"家庭教育""家庭责任"做出了清晰的界定，从法律层面对家庭教育进行指导、规范和管理。

　　家庭教育的本质与核心是家长始终坚持建设自己，以实际行动为孩子做出榜样。如此，则可以相信，未来一定会有更多的中小学教师的研究意识会在原生家庭中萌生。在建设高质量教师队伍的过程中，家庭教育必将贡献更大的力量。

第1节　在爱思考的爸爸影响下逐步走上研究道路

于瑶是银川三沙源上游学校（以下简称"上游学校"）高中化学教研组的组长，很年轻，是东北师范大学免费师范生，毕业后在广西工作过3年，2016年上游学校创建，她是第一批加盟的教师，也是学校研究团队的骨干。

于瑶从研究意识的源头、学做研究、成果撰写等几个方面，讲述了自己是怎样走上研究道路的。

 研究意识的源头：受爱思考的爸爸影响

于瑶在回忆自己走上研究道路的源头时说，自己是受爸爸的影响。

"小时候，老师们总会布置些思考题，遇到我不会的，总爱去问爸爸。我爸会一直思考，有时甚至会想一两个小时，直到把问题解决了，然后再把方法讲给我。第二天，到了班里我就讲给同学们，各科老师都会表扬我。老师的表扬带给了我自信心。慢慢地，我就想，我是不是也可以像爸爸一样思考，像爸爸那样一直琢磨，直到把问题解决掉。"

就这样，爸爸给小于瑶做出了好榜样，让爱思考的种子在她的身上渐渐扎根，于瑶逐步养成了爱思考的习惯。这个好习惯帮助在小学一年级时成绩还处在班里中等水平的于瑶，从二、三年级开始成绩就一直稳居全班第一。

"从小学二年级开始，我就爱思考。从小也没上过什么辅导班，但遇到问题就是爱琢磨。小学时是德、智、体、美、劳全面发展的，学校定期会组织我们到

部队、福利院，不仅有文艺演出，美术老师也常带着我们创作……我都很喜欢。寒暑假也没有太多作业，我和姐姐会用一周时间把作业写完，然后就看《脑筋急转弯》类的书。有点像思维训练，有多种问题，感觉都挺有意思的，看后我就琢磨。"

谈起自己上过的小学，于瑶充满了自豪！

"上了大学以后，发现很多同学不会打字，但在小学时我们就上过计算机课，都学过。我觉得自己上过的小学挺好的，比很多学校都有意思得多。比如，六一儿童节学校组织的营地布置活动，同学们都觉得可有意思了……"

于瑶曾经就读的小学是吉林省通化市二道江区五道江镇中心校。这所学校距离于瑶家只有10米远，上下学非常方便……2009年，她考入了东北师范大学。

写作意识萌生：受同学成功发稿的启发

于瑶说，本科毕业后到了广西工作，室友将本科毕业论文投到《中学化学教学参考》，不仅论文得到发表，还拿到了1000多元的稿费。于瑶研读了室友的文章，想到自己读教育硕士时，东北师大研究生院院长所说的"论文是做出来的，不是写出来的"，她从内心感到认同。同时，她还觉得从实践到理论的转化不是很难，并认为自己也可以。

学做研究：本科时无成果但有过程体验

于瑶从研究路径、研究方法和实践提升三个方面谈到她是如何做研究的。

"首先，我知道查资料的路径。进入大学后，我很喜欢听各种讲座，只要有空，无论什么讲座都会去听。其中，就听过关于如何检索文献的专题讲座。读本科时，我曾经跟着教授做过科研，也写成了论文，还尝试着投过稿。那时还自费订阅了1年的《中学化学教学参考》。"回忆起在东北师大读书的时光，于瑶说："大学很好，有很多资源，（很多同学的）兴趣、爱好都可以被挖掘出来。"

谈到研究方法，她聊到了在大学时的一段经历。"学校提供了机会，在固定的时间申报课题，是由学生自主组织的，分学科类和教育类两类。其中，学科类主要是面向非师范类的学生，而教育类主要是针对毕业后要当教师的学生。当时觉得比较枯燥，但的确有收获。本科阶段组建的科研小队，是学生自主选题，自己选择指导教师，有开题、中期和鉴定等环节，主要是在大二、大三做。当时我们选择做的是'中学课本上的实验的改进'。我们小队自己找了导师，老师还给了外文文献，由我们自己选定书上的实验并去研究该如何改进。因为是自主选题和选择导师，所以导师一般不会给我们规定完成研究任务的时间节点，也不会盯着我们，整个实施过程主要是靠小队成员自己组织的，每当遇到困难时才会去找导师求助，老师每次会用一两个小时的时间对我们进行指导，还会提供很多资源。这个过程让我们体验了做研究的流程，经历了研究的整个过程。我们的研究成果也写出来了，但没有投稿。"

研究提升：到上游学校后在实践中研究

2016年，于瑶加盟刚刚创建的上游学校。当年，学校为了激发教师的研究兴趣，面向全体教师成立研究兴趣小组，只要自主申报都予以接纳，于瑶是最先报名的教师之一。此后，校长王力争主持的多项各级各类课题，她都积极参加，成为学校的第一批研究骨干。

上游学校每年寒暑假都会组织全体教职工通识培训，一般暑假是7天，寒假是3天。2017年寒假的通识培训是学校建校后的第二次假期培训。其中，有半天是研究先行者的分享，于瑶就是4位分享教师中的一位。尽管，当时还只是对实践行动的分析，但她的分享依然带给教师团队很大的触动。2020年暑假培训，于瑶分享了她在学术转化上的流程与体会。她的论文《高三化学结构化教学实践路径——以"晶胞的计算专题"一课为例》2020年被核心期刊《当代教育与文化》（双月刊）第3期刊登。同年9月，她的这篇论文被"中国人民大学复印报刊资料"《中学化学教与学》全文转载。培训结束后，经调研发现，她的分享带给很多教师积极启示。有教师在问卷中写道："于瑶解密了论文书写的流程，至少让大家有了规范的专业论文的书写模仿路径，可以更容易地去尝试"。有教师说到对她的印象，"工作勤奋，分析睿智，专业，接地气，实操性强"。还有教师觉得，于瑶"分享的理论知识精炼，实际操作可行性强，对教学能力的提升有很强的引领和指导作用"。

为了表彰于瑶在学校改革发展中做出的积极贡献，2017年，即上游学校建校后第一次教师节表彰，于瑶被学校授予唯一的"改革创新奖"；2018年教师节，于瑶是5位获"勇于探索奖"而受到表彰中的一位。建校初期，于瑶作为理化生教研组的组长，所带的组曾被评为"优秀团队"，随着学校的发展，学科教研组不断细化，她还先后任初中、高中化学教研组长，现任高中化学教研组长，2022—2023学年还兼任了高三理综备课组组长。一直以来，她都以身作则，带领着学科团队基于实践在开展研究。

成果撰写：最重要的是对稿子反复修改

成果撰写是在实践的基础上进行理性思考，是深度梳理教学活动、进行反思性监控的重要环节，是教师跨过研究门槛的必由之路，是从经验型走向研究型教师的必修课。同时，也是教师跨过研究门槛、踏上学术道路的拦路虎，很多老师对此心怀畏惧。

于瑶在谈到"成果的撰写"时说："最重要的是2020年春对稿子的反复修改。"这是发生在她和我之间的故事。

2019年12月，王力争校长和我的博士导师王鉴教授第2次走进上游学校，进行学术引领。当时，王老师听了几节课，听完于瑶老师执教的高中化学课和初中物理课后，在研讨环节，王老师肯定了执教教师在结构化教学下的积极探索，并提出要深入反思并积极转化，他以《当代教育与文化》主编的身份提出约稿任务。2020年春季，在居家上网课期间，我一边撰写自己执教的高中体育结构化教学课例，一边督促、跟进并指导于瑶和吴晓涛两位老师撰写课例，积极完成约稿任务。

成果转化：前提是做得好，关键是控得深

我想，中小学一线教师进行学术转化，基础是做得好，也就是先得上好课。因此，东北师大研究生院的院长才会说"论文是做出来的，不是写出来的"。遗憾的是，很多做得好的老师却止步于"做得好"的阶段，未能继续前行达到"说得清"的阶段，而这恰是学术转化的关键环节，完成这个环节需要回答"为什么、是什么、怎么做、好不好"等问题，也就是要把做得好的基本原理、操作方法、检测评估、注意事项等挖深、挖透，才能走上"可推广"的阶段，也就是从解决个体问题到解决群体问题乃至整体问题的阶段，达到研究的更高层次，即学术的层面。

刻意训练：打通教师成果转化的最后一公里

在指导教师总结、提炼实践经验的过程中，我认为，打通教师成果转化的最后一公里关键在于需要有意识的刻意训练，尤其是输出方面的强化练习。

回顾于瑶成果转化的过程，是反复修改的过程，是一遍一遍改稿的过程。当我翻看当年从第1稿到第9稿甚至还有更多的过程稿时，我真心佩服我们坚持完成任务的韧劲！整个过程很艰苦。吴晓涛常常凌晨一两点发给我新改好的稿子，清晨五六点我改好后再反馈给他。回想起来，他们当时的压力一定很大，但都撑过来了……2020年5月，《当代教育与文化》杂志以专栏方式刊发了上游学校关于结构化教学的4篇论文，分别是王力争校长、我、于瑶和吴晓涛写的文章。其中，于瑶和我的文章被"中国人民大学复印报刊资料"全文转载。[1]

---

[1] 2020年5月，《当代教育与文化》（核心期刊，双月刊）第3期，以"结构化教学专栏"形式，刊发了上游学校的4篇文章，分别是：王力争的《结构化教学模型建构与分析》（45-51），刘历红的《论结构化意识下的中学体育教学》（52-58），于瑶的《高三化学结构化教学实践路径——以"晶胞的计算专题"一课为例》（59-63），吴晓涛等合著的《浅谈结构化教学在初中物理学科的操作办法——以八年级〈眼睛与眼镜〉为例》。其中，刘历红的文章被"中国人民大学复印报刊资料"《中学政治及其他各科教与学》2020年第9期在"理论"栏目全文转载；于瑶的文章在"中国人民大学复印报刊资料"《中学化学教与学》2020年第9期全文转载。

当年暑假，于瑶和吴晓涛在"2020暑期培训"中都做了经验分享。此外，校刊《上游教育研究》2020第3期发表了于瑶撰写的《结构化教学实践探索经验转化体验与感悟》[1]和吴晓涛撰写的《结构化教学实践探索与理论提纯的体验与建议》[2]两篇文章。文中，他们介绍了自己从课堂实践到理论转化，尤其是反复修改稿子，并且首次在核心期刊上发表论文的心路历程与感悟收获。

观点：多琢磨、多思考，找实质、找规律

谈到如何定义"研究"时，于瑶说："研究就是琢磨、思考，用一些方法，比如通过对比、联系、分类等，不断地去找实质、找规律的过程。"

于瑶还表示，现在对研究的理解存在片面性，比如有的人把研究当作是写论文、做课题，这样的理解是片面的。同时，她还说："我的研究不够系统，不够专业。虽然有研究的意识，但还没有形成体系。我也在思考，我快有10年教龄了，我的教学风格是什么？怎么能让学生更受益？在建立研究体系的过程中，才能有相对固定的教学模式和教学风格。之前，其实我还达不到'研究'的标准，但是既然学校选择了我，让我去分享，我就把自己想的、做的分享出来。当然，我也有顾虑。最近比较迷茫的是，以前有导学案，好像有了相对固定的模式，结构化教学以'倾听、总结、表达、合作'4个习惯为抓手，在进一步推行的过程中，我倾尽全力地探索、践行，有时会反思：有没有自己的东西？自己的教学风格究竟是什么？此外，在学术转化方面也存在一些困惑，比如怎样投稿？或者怎样能更好地做到实践向理论的转化？"

从小就爱琢磨的于瑶，在实践中思考，在反思中前进，这已经成为她的一种习惯。相信，这个好习惯一定能促使她有更好的发展！

---

[1] 于瑶. 结构化教学实践探索经验转化体验与感悟［R］上游教育研究，2020（3）：64-67.
[2] 吴晓涛. 结构化教学实践探索与理论提纯的体验与建议［R］上游教育研究，2020（3）：68-70.

历红感悟：孩子的研究意识该如何启蒙

人们常说，家长是孩子的启蒙老师。很多家长很重视发现和培养孩子的兴趣或特长，器乐、舞蹈、绘画、运动、乐高等等特长班，有的孩子从小可能要上好几个，"双减"政策出台前，再加各种学科课程的补习班或提高班，这些几乎填满了很多孩子的童年甚至青少年时光。不过，看完了于瑶老师走上研究道路的故事后，亲爱的读者朋友，不知您是否会对家庭教育萌生新的思考？

孩子的思维发展是成长中不可忽略的重要方面

于瑶老师对自己走上研究道路源头的追忆和她对自己在研究道路上发展的梳理，带给我的启示是：对孩子的思维发展，不要忽略，不要应付，于瑶爸爸的做法，是否可以努力试试？我想，于瑶爸爸在坚持思考、尽力帮孩子解决思考难题时，或许并没有想到，他的做法会帮刚上小学的于瑶培养出爱思考的好习惯，他只是努力地想把孩子解决不了的问题琢磨透彻、能真正帮到孩子。爱琢磨、勤思考或许只是他的习惯。没想到，于瑶通过耳濡目染，学到了爸爸的这个好习惯。这大概就是我们常说的"身教重于言传"。

当然，研究意识的启蒙并非只有于瑶爸爸这一种方式，途径一定有很多。比如，和孩子一起坚持观察一颗种子的生长过程；在养育小宠物的过程中探索成长的奥秘；在孩子遇到问题时，一起学习，共同思考，探求解决问题的思路……无论是爸爸妈妈，还是爷爷奶奶、外公外婆，在陪伴孩子成长时，留心关注孩子的需求，有意识地保护孩子的好奇心，尊重并重视孩子的求助，不仅能从根基上为孩子人格的健康发展涂抹上亮丽的底色，还能激发孩子的研究意识。

创造丰富的心理体验场，能促使孩子的心智健康发展

在孩子的成长路上，研究意识的发展需要多种因素持续施力，除了家庭教育的影响，还有小学阶段丰富而快乐的实践体验活动，中学阶段系统而严

谨的思维训练活动，大学阶段自主而完整的研究历练等，每个阶段的影响对孩子的成长都有独特的意义和价值。

我曾在一本心理著作中看到一个观点——心灵与能力的发展来自丰富的体验场。亲爱的读者朋友，如果您既是一位家长又是一位中小学教师，如果您也在思考并探索如何更好地开启孩子研究意识的做法，我建议您，想方设法去创造孩子成长的丰富的体验场。在保证安全前提下，或许这样做，既能让孩子更好地生长，还能启发研究意识。

不知您是否愿意尝试一下？

第2节　在追求成为好老师的梦想中走上研究道路

中原名师宋君[①]是第1位和我约定时间进行访谈的教师。

因为彼此很熟悉，所以在16次访谈中，这次访谈用时最短。这是我第二次对宋老师进行专访。第一次是2015年6月。那时，为了完成博士学位论文，我在郑州金水区访谈了3位优秀教师，宋老师是其中之一。亲爱的读者朋友，您若想了解他的课堂教学艺术，以及他是如何自主进行教学改革的，可以看看我的另一本著作《小学教师课堂教学艺术生成策略研究》。书中"自主变革，角色分化——助他成为省级名师"的部分就是对他进行的课堂观察及课后访谈。

梦想：从小就想当让孩子喜欢的好老师

宋君的父亲曾是乡村中学教师，后来到镇上当了教研员。因为父亲常在家里给老师指导课，还常带回一些书和教育教学类杂志，这些对宋老师的成长影响很大。所以，他从小就想当老师，而且想当让孩子喜欢的老师。

初中毕业后，宋君报考了师范学校。1992年至1995年，他就读于郑州师范

[①] 宋君，现任教于郑州市金水区金桥学校。先后荣获全国教育科研先进个人、全国小学数学奥林匹克优秀指导教师、第七届当当影响力作家"人气名师"、河南省学术技术带头人、河南省教师教育专家、中原名师、第二届河南最具影响力教师等荣誉称号，先后发表了400余篇教育教学文章，出版《数学阅读的教与学》《读懂学生》《魔力数学》等多部专著。教学中，一直践行"智慧数学"的主张，在省内外先后开办600多场讲座。长期致力于儿童立场的教学和数学阅读的推广。

学校，为实现自己的梦想——成为一名教师——做全面的准备。毕业前夕，在一次班会课上，全班同学围绕着"是职业选择了你，还是你选择了职业"展开热议。他积极参与讨论，发自肺腑地表达出自己的心声："是我选择了教师这个职业，我想当让孩子喜欢的好老师，这是我从小的梦想！"

种子：好老师是研究型教师，不是教书匠

班会课不久，有一天在上"小学教材教法"课时，宋君非常喜欢的王鸿林老师说："想成为好老师，就要努力成为研究型教师，而不是一辈子当个教书匠"。王老师的这句话一下子触动了年轻的宋君，让他醍醐灌顶，引起了他的强烈共鸣。

班会课后，"到底该怎样做才能成为好老师"成为他心里一直搁着的事。他觉得自己空有想法，不知道究竟该怎么做才能成为好老师，很迷茫。而王老师的话一下子点亮了他，让他找到了努力的方向。在回忆这段往事时，宋君认为，王老师的话是促使他走上研究道路的第一个关键事件，为他埋下了一颗成为研究型教师的种子。

行动1：备课，学习自己钦佩的王老师

王鸿林老师的人格魅力和教学艺术深深影响着年轻的宋君。他觉得王老师的课特别有趣，自己很喜欢上他的课，王老师就是学生喜欢的好老师，就是自己的榜样！宋君打心眼里特别愿意向王老师学习。为此，他主动找到王老师，提出借老师的教案学习的想法。王老师爽快地把自己的教案拿给了他。宋君看到王老师的教案非常吃惊！因为王老师的教案非常厚，粘贴和修补的地方很多，而且每节课后都有密密麻麻的反思。他如获至宝，到校外找了家复印店，整本地复印了王老师的教案。

1995年，宋君被分配到郑州市金水区文化路第一小学任教，成了一名小学数学教师。他终于梦想成真，当上了老师。教学中，他模仿王老师的方法进行备

课。他笑称，他最早在金水出名是因为他的教案本用得多，一个学期常得用八本十本的，而且每本都很厚。因为很多地方也是有粘贴，有密密麻麻的反思。所以在教育体育局到学校督导时，他的教案还被借走过。

关于写反思，他觉得，最初自己其实是为了"偷懒"。他说："既然一辈子都想当老师，那如果这次的课上得好、上得顺，就琢磨着以后再上这节课时，怎么才能把课也上得好、上得顺。通过反思的方式，把这次上课的情况记录下来，就为以后上好课打下了基础。"后来，当他走上研究道路后发现，把自己的课堂反思做大、做强了，为做科研积累了大量宝贵的第一手资料，为研究奠定了坚实的基础。

行动2：初次写论文，用的是最笨的方法

1995年，郑州市组织学法指导评比活动，刚参加工作的宋君特别感兴趣。虽然他不是潘英老师（金水区教科室原主任）研究团队的成员，不是必须参加评比，但他主动希望参与。为此，他主动请教别人怎么可以写好论文。有人说："剪刀+糨糊。"言下之意，拼拼凑凑就可以完成论文。他不认同这种观点。他说："不过，我当时真的不知道该怎么做。因为，我从来没有写过论文。怎么办？"

宋君看到学校订了很多期刊，就借过来，开始抄里面的文章。他一篇接一篇地抄，还做笔记。不知道抄了多少篇，抄着抄着，他突然发现，自己好像掌握了文章的结构；抄着抄着，他又发现，有的文章的观点他很认同，但是有的文章他觉得存在问题。为此，凡是他觉得有问题的地方，就把自己的观点批注在旁边。渐渐他似乎明白了为什么有的文章这么写。他觉得自己也可以这样写。就这样，通过大量地抄写、渐渐地积累和慢慢地摸索，他逐步有了自己的思考。之后，他把这些思考整理出来，写成了自己对学法指导的小短文。

1996年，宋君整理了自己对学法指导的思考，包括批注、小短文等，在此基础上，他写了篇论文。令他意外的是，他写的论文竟然荣获了一等奖。他说："这是我走向工作岗位后，获得的第一张证书！"获得这个奖项，他非常激动，也

备受鼓舞。

宋君说："作为一名数学教师，写作对我来说，不知有多痛苦……"

他还说："写作，对我来说，没有捷径可走，只能通过积累，才能实现突破。所以，直到今天，我每天在学校写完教学反思后才回家。之后，再把反思写成小短文。"就这样，他始终坚持认真备课，坚持写教学反思，坚持精读教学期刊。

1997年，他发表了第一篇论文。这篇论文是他发现了教师用书中的一处错误，并对此进行了探讨。第一次看到自己写的文字变成了铅字，宋君内心深处的激动可想而知。

这是他走上研究道路的第二个关键事件。

行动3：质的转变，聚焦主题扎根课堂

后来，宋君走上教育教学管理岗位，从金水区文化路第一小学调到金水区实验小学，担任教导主任，还兼任高年级的数学教学工作。如今，他已经做副校长多年，始终坚守讲台。

他说："在金水区实验小学，我坚持每年做一个课题。那时，做课题和职称评定（以下简称"职评"）没什么关系。也就是从那时起，走向了稍微正规的研究。有一年，我的立项表和开题报告被发到'金水教育信息网'，让全区的老师看……这对我做课题研究是莫大的鼓舞。"

他还谈到，金水区信息中心原主任左文录、教育发展研究中心副主任范双玲、教科室（所）原主任肖陶然都带给他很大影响。如，金水区是全国信息技术教育改革实验区，在左文录主任的支持下，他曾把信息技术教育融入自己主持的课题研究中。

2011年，金水区原来的语文教研员冯宇到金水区实验小学担任副校长。冯校长扎根课堂，在学校推行语文学科阅读。宋君对比后发现，自己做了多年课题研究，但是研究的点比较散，不聚焦。而聚焦课堂，做主题研究，真的非常适合一线教师，尤其是扎根课堂的研究，很接地气，能真正解决老师们关注的课堂问题。在和冯校长做的研究对比并反思后，宋君开始做数学阅读主题研究。他认

为，这是他在研究道路上的第三个关键事件。这个关键事件促使他的研究上了一个台阶，有了质的飞跃。

此外，他还认为，在金水区有很多机遇。其中，非常难得的机会是参加了"全国新世纪小学数学杰出人才发展工程第三届（2013—2015）高级研修班"。当时，他的导师是蔡金法，是华人数学家、美国特拉华大学终身教授。蔡教授像培养博士一样培养他们，引导他们做有品质的、基于实证的研究。宋君觉得，蔡教授3年的指导对自己的专业成长帮助非常大。自己对数学阅读有了更深的认识。

小结：研究，走向梳理自己的教学主张

谈到现阶段的研究，宋君说："以前，自己做研究，选题很宽泛。三四年前，我开始聚焦主题。现在是有意识地在梳理自己的教学主张。当下，很明确的一点是，我申报、主持的所有立项课题，研究都指向了自己的教学主张。"

研究从宽泛走向主题，他认为经历了几个阶段。首先，初期阶段的研究多是务虚的，而且没有和自己的教学主张相结合，在结构上是比较松散的；其次，后期阶段的研究是务实、务本的，不仅聚焦主题，而且在专注地思考中一步步走向了深入的、有深度的研究，对教学的认识也逐步通透。

他补充说："让研究走向深入离不开阅读与写作。2001年，开始新课改，金水区作为首批国家级实验区，当时有很多专家走进金水，给一线教师做培训。那时，我听了很多场专家报告，很多专家都给老师们推荐了书，于是我购买、阅读了大量的书。从理论提升到理论和实践结合，读书都非常重要。所以，每年我都会买1万元左右的书。阅读的积淀，让视野开阔了很多。同时，研究还离不开写作。例如，写教学反思、教学案例、教学随笔等。这些年，我写了300多万字。我发现，反思对研究意识的提升是非常有帮助的。"

他最后总结道："读书，让视野更开阔；写作，让思考更理性。"

 **历红感悟：心中有梦，就无惧艰难险阻**

对宋君的深入了解始于2007年。虽然在一个区工作，彼此也知道对方，但毕竟不在一所学校，也不是一个学科，所以交集很少。直到2007年，金水区组织第二届教导主任培训班，我们是同学。培训的周期长达2年，我们不仅经常一起上课，而且还一起参加小组活动，在"金水教育信息网"的"金教论坛"上也时常互动研讨。那时，我们班上的同学都知道，宋君老师很努力，很勤奋。2015年，我在做博士论文期间，曾对他进行过专访。当时，他已经是中原名师。那次访谈中，我既深入他的课堂进行观察，又访谈他所执教班级的学生，还访谈他的教学理念与实践等。2016年，我从郑州金水区辞职，加盟并参与创建上游学校。虽然见面的机会少了，通过社交平台，对他的动态也是知晓的。在完成"如何走上研究道路"的访谈之后，我对宋君的专业发展，尤其是他在研究道路上的漫漫求索，有了更立体、更全面、更细致的认知。

"让梦想照亮前进的路"

这是访谈宋君老师后，我脑海中浮现出的一句话。

"成为让学生喜欢的好老师"是宋君老师小时候就有的梦想。正因为心中有梦，所以在师范上学时，王鸿林老师的那句——"想成为好老师，就要努力成为研究型教师，而不是一辈子当个教书匠"——才能犹如一粒种子，在他心中扎根、发芽。若无梦想，恐怕王老师的话也难以走入他的内心。

就此而言，从小帮助孩子心中有梦，应该是成长路上尤为重要的大事。这让我想起徐特立先生的话，一个人将来有没有作为，就看他小时候有没有大志。想必，徐老所说的"大志"，就包含了儿时的梦想。梦想，在很大程度上，包含着一个人的人生理想与发展志向，是奋斗的原动力。

最笨的方法，只要坚持下来，也能助力超越

和宋君聊完后，他从不会写论文到第一次论文获奖，采用抄写的笨方法，让我久久不能忘怀。或许是因为我有过相同的经历，深有同感吧。

多年来，无论是读书还是看期刊、报纸，我会把自己不会又觉得重要且有意义的内容抄下来，似乎是雷打不动的习惯。我一直不觉得这个方法笨，直到2012年，到西北师大读博士时，在和同学们沟通时才发现，我读书的速度真的好慢啊！无论是胡德海先生的《教育学原理》，还是杜威的《民主主义与教育》，我都读了一个多月。当时，有同学调侃说："刘姐，你读书好奢侈啊！"为此，我也暗自追问了很多。最终我依然选择用这种蜗牛式的最笨的方式去学习。我想，和学长或同学们相比，我的起点实在是太低了，加之跨专业，人家在本科或硕士期间读过的书，此前根本没在我的认知领域内出现过，所以我得正视现实，面对差距。而拉近距离没有捷径，唯有沉心静气，日复一日，坚持不懈地投入，舍此别无他法。抄写，这种蜗牛式的方法，尽管缓慢而艰苦，但是可以帮助我掌握陌生的话语体系，了解作者的行文方式，慢慢地还能透过文字，理解作者的写作意图……在一步步走近作者的过程中，才有可能和作者对话，甚至深入探讨某个问题。

宋君通过抄写期刊论文，掌握了论文的结构，发现了论文中的问题，产生了和作者探讨的想法。由此，他在参加工作的第一年，就在全市的学法指导评比活动中获奖。这个过程不仅让他在学术上发出了微弱的声音，还帮他跨过了研究的门槛。所以哪怕是最笨的方法，只要能坚持下来，就能帮助我们实现超越。

当然，走进新时代，当下中小学教师的起点高，本科毕业时都完成过毕业论文，而部分教师的学历起点很高，硕士毕业或博士毕业后入职的大有人在，他们在毕业时，就已经掌握了规范的研究路径，做文献研究时，也读了很多书，或许不再需要下这种笨功夫了。这几年，随着信息技术的飞速发展，也未必非得在本子上抄写了。恰如杨绛先生所言："有些人之所以不断成长，就绝对是有一种坚持下去的力量。好读书，肯下功夫，不仅读，还做笔记。人要成长，必有原因，背后的努力与积累一定数倍于普通人。所以，关键还在于自己。"

第 2 章　来自本科的学习

访谈中，我对在本科阶段就具备研究能力的老师充满了羡慕和敬佩。这种情感的产生，一方面是我在研究道路上起步晚、成长慢，深感自愧不如；另一方面是作为基层学校的管理者，特别期望新入职的教师在研究能力上具有较高的起点。目前，进入中小学任教的新教师，最低的学历是本科，其中还不乏硕士或博士毕业者。尽管这些新教师的学历起点高，但从研究意识与研究能力的角度审视，和本章中讲述的老师相比，客观地说，很多人在研究能力方面与两位教师依然存在差距。

我想起《新时代基础教育强师计划》中开篇的那句话"高质量教师是高质量教育发展的中坚力量"。[①]同时，我还想起自己的一个学生出国留学后，难以承受日本和德国教师的严苛要求，在想放弃学业时说过的牢骚话，"以前好像什么都没学，都是听老师讲，可日本和德国的老师却总是让我们看书、看书，然后让我们轮流做报

[①] 2022 年 4 月 2 日教育部等八部门印发《新时代基础教育强师计划》的通知。

告。我快崩溃了，真受不了！"

从高质量教师队伍建设、中小学实际需求来看，我特别期望，在未来，有更多的准教师在完成毕业论文时，能感受到"做科研很有意思"，觉得有幸遇到了这样的指导教师——"无论是实习指导还是对待研究的态度，他的要求都非常严"！但正是在这样严苛的指导下，本科毕业论文就可能发表在学科专业期刊上，初入职场、一踏上讲台，就具备了规范的研究能力。

让更多的准教师拥有较高的研究起点，是否对本科院校尤其是师范类院校提出了很高的要求？不，这是国家要求，"到2035年，适应教育现代化和建成教育强国要求，构建开放、协同、联动的高水平教师教育体系，建立完善的教师专业发展机制，形成招生、培养、就业、发展一体化的教师人才造就模式，教师数量和质量基本满足基础教育发展需求"。我们有理由相信，随着国家政策层面的调控、高等院校培养目标的提升、教师入职门槛的提高等，培养院校与准教师们必将自觉地增强对研究意识与能力的培养与训练。相信，届时一定会有更多具备较高研究起点的教师走进中小学。

第1节 在大学做实验觉得有意思，走上研究道路

陈丽丽是新疆乌鲁木齐第十六中学心理健康教育中心的主任，同时她还兼任班主任和心理健康教育的教学工作。我们的相识缘于我的著作《选择相信：在心理实验中发现教育解困的密码》一书。在做新书推广时，结识了陈老师。这本书为我们架起了友谊的桥梁。

在选择访谈对象时，考虑到地域性、代表性尤其是主动求索意识，我向陈老师发出了访谈邀请，而她就是前文中提到的认为我要访谈的问题本身存在问题的老师。关于研究，她的观点是"教而不研则浅，研而不教则空。我们是教师，不研究怎么能教好？教师的工作每天都在做研究，研究教材，研究教法，研究学生……不研究，就教不好。"

毕业论文：在小学语文学科做实验研究

陈丽丽本科就读于新疆师范大学，所学专业是教育心理学。为了准备毕业论文，在教师指导下，她在小学语文学科做了书写练习究竟写多少遍才有效的实验研究。她的实验设计是，在小学的一个班里，全班学生完成相同的书写作业，但各组练习的遍数不同，教师、教学及其他学习活动保持不变，也是全班学生都一样。采用这种方式，实验了近3个月后，用同一份测试题查看记忆效果，结果发现：写4~7遍的组记忆效果最好，超过7遍的组与4~7遍的组记忆效果没有差异。实验揭示：小学语文适当布置抄写作业对巩固所学是必要的，但要控制抄写

的遍数，因为不是写的遍数越多越好，超过一定的数量之后，不但无益还有可能降低小学生的学习热情。回忆起这次实验，陈老师说："当时，我的毕业论文被评为'优秀'。这让我深受鼓舞，觉得做科研很有意思。"

不想再碰：几次做课题付出多，但无结果

2001年7月，陈丽丽本科毕业后进入乌鲁木齐第十六中学，成为一名专职的心理健康教育教师。因为学科特点，学校的德育处、教务处等都是陈老师的上级主管部门，都会给她安排任务。当时教研室、办公室联合申请了关于"教师人格现状研究"的课题，让陈老师参与。从申报到研究，做了一年半多的时间，但因为德育主任岗位调整，课题被迫终止。这是陈老师走上工作岗位后，第一次参与学校中层领导主持的课题。陈老师说，"尽管当时没有评价工具，研究方法也不是很科学，但毕竟做了1年多，却因主持人调整岗位导致课题无疾而终……"这让陈老师的研究热情第一次受到了伤害。不过因为陈老师的研究基础好，所以在工作的前5年，她撰写了多篇论文，学校教育、家庭教育等方面的都有。那时，陈老师所在的学校论文获奖的教师比较少，而陈老师写的论文因为既有基本的调查数据又有相对规范的数据处理，加之她对写论文没有畏惧感，觉得写论文并不难，她不仅勤于撰文，还积极参加各级各类论文评比，因此多次获奖。

工作5年后，陈老师因为生孩子，课题研究和撰写论文按下了暂停键。

2009年，也就是陈老师参加工作8年后，她晋升了中级职称。她说："和同龄人相比，我评中级晚了很多。一般工作5年，只要业绩条件够，就可以晋级。但我没积极申报，主要是考虑到自己是小学科……不过，评上职称以后，我才意识到，写论文、做科研，对我们一线教师来说，其实挺重要。"

2012年前后，德育处申请了课题，陈老师再次参与。遗憾的是，又一次因为人事调整与人员变更，课题被终止。提起这件事，陈老师觉得自己付出了很多，但没有结果，所以不那么爱做课题了，甚至根本不想碰课题。

之后，副校长曾找陈老师谈话，希望陈老师参与到她的课题组一起做研究，陈老师没有参与。她说："一是考虑到孩子小，二是对前几次做课题有心理阴

影，觉得白费劲。"她还说："其实，有的课题原本是可以结项的，但就因为人事变动而被迫终止，真的很遗憾。所以，2012—2013年，我做课题并不多。"

校长支持：不要太功利，放心尝试

学校人员变动频繁，这和当时并校调整的政策有些关系。2014年，乌鲁木齐市第十六中学、第十四中学、第三十六中学民汉合校教师调整。陈老师所在的学校有50%的教师调整到其他学校，又从其他学校调入了相同数量的教师。同时学生结构也发生变化，少数民族尤其是维吾尔族学生的比例大幅度上升。学校人事调整、学生结构变化后，由于学情需要学校开始大张旗鼓地鼓励教师做教科研，而课题研究也成为衡量教师专业发展的硬指标。主管陈老师的德育副校长张校长针对大家担心的"做课题常无疾而终"的顾虑，拍着胸脯对大家说："好好做课题，保证不会终止。"

对此，陈老师坦言："做课题不是写小论文，过程比较漫长。前面做过的课题没有结项，不是能力因素，不是技术因素，也不是态度问题，而是人为因素或者说是环境因素所致，这让人很受挫，致使我有一段时间对做课题不仅没有兴趣甚至想逃避。"谈到校长的讲话，陈老师说："校级领导做课题不太功利的状态，让人感到放心，觉得挺好。"陈老师所说的不太功利，是校领导针对学校的实际情况，真真正正地在做研究，是通过研究去解决学校面临的现实问题。在校长的支持下，陈老师主持的课题《初中阶段民汉学生异性交往引导方式探究》就是从学校需求出发，期望解决教育教学中实实在在的问题。这项课题2013年立项，2017年结项，虽然没有参与评奖，但促进了学校德育工作的开展。此后，陈老师主动参加校内外各级立项课题研究，所主持的课题还获得市级一等奖。

进入中层：思考怎样更好地做实践研究

2015年，学校成立了"心理健康教育中心"（以下简称"心健中心"），陈老师被任命为中心的主任，成为学校的中层领导。此前，学校的心健工作一直是陈老师一个人在做，成立心健中心后，就由她带领专职和兼职教师为全校252名教职工、2983名学生及全体家长提供心理健康教育、服务与安保工作。心健中心隶属于学校德育处，所以宣传心健知识、组织辅导活动、提高心理安全保障，包括建立心健档案、进行危机干预等就成为工作重点。

自己主持的市级课题顺利结项并获奖，提升了陈老师对立足工作实际、扎实做研究的认知和做课题的兴趣。此时，她开始考虑"能否接大一点的课题"。当然，对于做课题，她清楚地意识到，"中小学教师多是经验型的。有的老师以为做课题就是写工作总结，还有的老师认为做课题、写论文就是抄抄、拼拼、凑凑，所以有些老师不太会做课题。"这也促使她进一步思考：怎样才能更好地立足工作需要做好课题研究？怎样能促使更多的教师转变对做课题研究的认知偏差？

关于陈老师的想法，我深表认同。选题贴近实际，基于现实需求，有创新性、科学性，且可操作、能实施，成果具有推广性，这在部分教师看来，好像都是高大上又不接地气的漂亮话。其实不然。实质上，做课题就是通过立足岗位需求，扎扎实实地做研究的过程，是实实在在解决问题的基本框架和本质诉求。

⚛ 渐入佳境：立足学校实际，解决现实问题

就在陈老师思考是否接大一点的课题时，"恰好，校长主持了一项'中国陶行知研究会'的课题——新疆民汉合校办学实践研究。这项课题紧紧围绕学校发展实际，各科室都参与其中，学校形成了很好的研究氛围。这项课题2016年1月立项，2017年5月结项，大家都很积极，我们对研究过程和结果都比较满意。这次做课题让我们对科研更有信心了。"虽然校长调走了，但陈老师的研究热情不仅被重新点燃，还因为研究成果真正是在解决日常工作中的困惑、困难，所以研究热情也在不断地释放出更大的力量。同期，陈老师作为心健中心主任，还主持完成了自治区级的课题，让她感到很有收获！

躬行实践：兼任班主任，补其研究短板

学校在评优、评先及职称晋升时对班主任有倾斜，但一些班主任在参加职评特别是评高级职称时，常被刷下来，原因是业绩条件不足，就是硬件不够。可是每当动员班主任做研究、倡导他们写论文、创造职评业绩硬件时，很多班主任常以"没时间、不会做"为由，排斥、拒绝做研究。学校的胡书记针对教师尤其是班主任不擅长做科研，研究时常感到无从下手且部分现有科研和实际工作脱节的现象，找陈老师沟通并动员她，"带一届班，做班主任，感受一下，为班主任做出个样子！"

胡书记希望陈老师以实际行动带动班主任，帮助班主任补上科研短板的想法，陈老师是认同的。她觉得，"一方面，做班主任可以让自己的教学生涯更丰满，另一方面是我觉得，如果有研究能力，勤于思考，班主任工作就不单是忙忙碌碌。" 2020年9月，陈老师成为学校初一年级的新班主任。这一年，她的女儿上小学六年级。从内心来说，陈老师是希望次年也就是孩子上初一时再当班主任，那样的话，就能和孩子在时间上同步，既能更多地陪伴孩子成长又能体验班主任工作。但因为工作需要，陈老师选择了以大局为重，当年就走上了班主任的工作岗位。

在访谈过程中，陈老师接过两个电话，第一个是处理一个学生的问题，第二个是安排线上居家上课的事情。我感受到了她作为班主任的忙碌，可谓是事无巨细，班级事务管理工作分外庞杂。

不同学科的教师当班主任是不一样的

谈到当班主任的感受时，陈老师说："不同学科的教师当班主任是不一样的。班主任是孩子的重要他人，无形中就会对孩子产生影响。例如，英语老师当班主任，所在班级的英语成绩会很高。而心理教师当班主任，班上心态阳光的孩子会多一点，但没有学科教师当班主任对提高对应学科文化课成绩的作用大。"

当了班主任觉得精力不够用

谈起现在的状态，陈老师说："当了班主任后，发现真的不想做科研了，不想动脑子，不想思考。前两年发了论文，做了课题。但自从当了班主任，就觉得精力不够，脑子处于枯竭状态。也写了论文，但连投稿的时间都没有。因为我是第一次当班主任，没经验，常陷入大量的班主任的事务性工作中，忙不过来。当然，也可能是自己年龄大了，总觉得精力跟不上。尽管学校给心健中心配备了专职干事，自家孩子也听话，但自从当了班主任，我深刻体会到班主任老师为什么不喜欢做课题了。"

成立班主任工作室让新教师先跟岗学习

"刚大学毕业的教师，学校要给一两年的时间让新教师先完成学科教学上的专业成长。但学校常常因为老师们不愿意当班主任，所以就安排新入职的、刚毕业的大学生当班主任。结果有的年轻人刚干了半年，就因为吃不消而辞职不干了。很多老师感慨：'教师不是人干的活'。"

陈老师结合自己当班主任的切身体验，以及刚入职的新教师当班主任后出现的问题，向学校领导提出班主任建设的意见与建议。校长、书记很重视陈老师的反馈，他们静下来，思考分析……"现在，学校对班主任工作进行了改革，成立了班主任工作室，让35岁以下的青年教师先加入工作室跟着学习，在熟悉了教学与学生且对班主任工作有了一定的了解后再当班主任。"我认为，陈老师的研究成果已经实实在在地对学校整体工作发展产生了积极影响，这样的成果或许待她静下来、反思梳理时，能提炼出其内在规律。其实，中小学做研究大多是应用型研究，其目的与成果既能促进教师专业成长，还能为制定政策提供决策依据。当研究对学校、区域乃至高层政策出台提供决策依据时，就达到哲学社科（教育类）研究成果的范畴。就此而言，陈老师做班主任的体验研究正处于迈向更高层级研究的实践阶段。

陈老师在教育教学方面持续而创造性的研究探索，得到了学校领导和老师们的肯定，也赢得了校外专家和各级领导的认可，2022年被她被评为"自治区家庭教育先进个人"并入选自治区2022年度"天山英才"教育教学领军人才，将在更大范围、更高平台上发挥辐射、引领、带动作用。

⚛ 提质增效：做事情要换位思考，科学统筹

谈及研究，陈老师说，"很多人提到研究时潜意识里就等同于课题、写文章、规范的立项和结项过程。我认为，研究是如琢如磨的思考、探索、解决问题的过程。无论是处理孩子居家线上教学后的返校还是任何教学工作，都要反复地琢磨，深入地思考。中小学教师做研究是有素材可研究的，是有经验可升华的。"

因为陈老师对研究有自己的思考与判断，成为班主任后，她对班主任的付出、对学校管理中存在的问题有了深切认知，故而采取行动，在不同方面进行干预，如从提供决策依据入手，在学校管理层面加强顶层设计。

关于班主任工作，她的反思是，"班主任工作是必须花时间与精力成本的，很考验教师的能力。付出的均值远远超过一个科任教师的工作量。"陈老师目前是在读研究生，正在撰写学位论文，这促使她持续反思。她说："以前，我最不喜欢在组织班主任经验交流时听到'给我们一节课，让我们睡觉行不行？为什么要让我们开会？'自从当了班主任，她开始追问："班主任老师们为什么不愿意学习？不愿意开会？是不是有什么原因？现在，如果下午第1节课开会，如果不是我组织的会，我就会溜号，让自己先休息一下。这是客观问题。事务庞杂的老师不愿意做课题，是不是因为时间、精力不够？让中小学教师做研究的前提是教师要有时间和精力。为什么有些人不做课题？或许很重要的原因是真的太累，没有时间和精力。当然，更深层次的问题可能是他们还没有从本质上思考，没有去看书、没有到理论中寻找更好的方法……当一个人常处在烦躁状态时，是听不进去的。激发一个人的内驱力，得让他们有情感、有需求、有时间、有精力。而跨越这个界限，对事务缠身的人来说是很难得。同时，即使能力很高的人，如果上级布置任务时缺乏统筹，一个任务、几百个日子都重复地布置时，也会让人很烦。而这需要管理者反思：安排工作是不是可以结构化？有没有更高效的方式？能不能换位到做具体工作的老师那里？"

"解决班主任琐事缠身的问题根本在于管理团队的统筹能力，这和部门负责人对任务的理解有很大关系。例如，5个部门让交表格，内容一致，但格式不同，无形中就会增加老师的工作量……"陈老师的剖析一语中的。在中小学工作了34年，对此我感同身受。就以做研究来说，老师们更多的是看校长怎么做、领导班子怎么做。如果校长、学校班子成员不能率先垂范，做出样子，无论是研究还是其他事，很多都会浮在表层，流于形式，哪怕是口号喊得震天响，也只能是片刻的轰轰烈烈。富有创造意识，创新性地工作，严谨求实，有高度的服务意识，唯有通过行动彰显出来，才能潜移默化、持续有效地影响教师的教育观念和教学行为，才能真正实现提质增效，创造出踔厉奋发、时不我待、充满奋进力量的学校文化。当然，若能在工作中研究、在研究中工作，在每件事上都体现出研究的意识、具有研究的态度、运用研究的方法、形成反思的习惯，才能超越简单、低效甚至粗暴、无效的工作模式，从根源上解决教育内卷现象，才能把深陷庞杂事务旋涡中的班主任和一线教师解救出来。而这对校长、对班子成员的人格魅力、管理能力、业务素养等提出了"现实与限时"的双重挑战。

我想，意识到了问题的存在，就按下了解决问题的启动键。

对此，让我们选择相信！

第2节　本科论文发表，初登讲台就走上研究道路

姜连国老师能走进上游学校进行专业指导，首先要感谢银川市教育局。2019年，银川市组织全市高中物理教师到北京集中培训，姜老师当时是示范观摩课和专题报告的承担者之一。在北京学习期间，我们学校的老师就联系我，希望邀请姜老师到上游学校进行更深入、更细致的指导。我向王力争校长汇报后，他对老师们热切学习的想法高度肯定，大力支持。很快，姜老师就走进上游学校。2019年12月和2021年3月姜老师先后两次走进上游学校，每次都会听高中物理教师的课，和上游教师同课异构，指导学科组的教研活动，并给师生做专题报告。

每次各领域的学者、名师、专家走进上游学校，只要情况允许，我都会全程参与学习。姜老师到上游学校也是一样。同时，我们还和专家持续保持联系，请他们针对上游学校的发展需求跟进指导。除了两次现场指导外，姜老师还对上游学校物理组教师多次进行隔空指导，既有专业知识与教学技能上的，也有学科理念和教学研究上的，更有教育思想与人文情怀上的。

在对姜老师的访谈中，我了解到他从大学毕业走上讲台至今整整30年，始终专注于物理课堂教学领域的学术研究。

执着向上、追求超越，是从姜老师的研究故事中提取的内核。

高起点：本科毕业论文被学术期刊采用

1992年，姜连国老师从山东曲阜师范大学毕业。他的本科毕业论文《用理

想化的方法引入简谐运动概念的尝试》发表在《中学物理》杂志上。在此基础上，他完成的《谈理想化方法的物理教学》一文，1993年在《山东师范大学学报》上刊发。在被访谈的16位教师中，姜老师的研究起点是最高的。一走上讲台，他就开始了规范的学科教学研究。

刚入职的教师能具备较高的研究能力与学术素养，或许是中小学校长最期盼的事，更是国家期望全国师范院校早日实现的一大核心目标。假设全国各高校培养的本科生都能具备较高的研究水平，能把掌握的知识转化、应用并产生实践生产力，那么中国优质的高等教育必将促使中国的综合国力整体迈上新台阶！这可能有点理想化，但应该相信，现实生活中的每一丁点突破都是在接近理想。这就是奋斗的价值、努力的意义。所以始终不放弃，一直朝着理想的方向努力，就是在实现中华民族伟大复兴百年征程中所有行进者的共同追求。毕竟，我们身边就有姜老师这样的个例；或许，远方还有很多我们不知道的像姜老师一样的教师。因此，我们共同的奋斗目标就是让这样的教师由少到多，从个别到部分，从部分到群体，最终涌现出更多首登讲台、初入职场、一上手就具有较高研究起点的新教师。

优秀且严苛的导师促成了学生的高起点

姜老师在谈起自己的指导教师时，充满感恩地说：

"我的指导老师也是我实习时带队的老师，他教我们物理教学法，后来成了我的硕士导师。他的专业能力很强，是山东省物理教学专业委员会的负责人。无论是实习指导还是对待研究的态度，他的要求都非常严！比如，备课、上课，从整体规范到细节处理，要求都很严格。因为他一直都是这么严要求的，所以我们也就适应了。而他的严要求对我在教学和研究上的影响是终身的。就拿毕业论文来说吧，那时候还不是在电脑上写，都是手写，论文有十多页，不停地改，一次又一次地写，一遍又一遍地抄……最终，我的毕业论文发表在《中学物理》杂志上。这是我第一次发表论文，如果没有导师严格的要求，肯定是做不到的。"

"1992年，我从曲阜师范大学物理教育专业毕业，被分配到家乡巨野一中教高中物理。有的老教师说，我虽然才参加工作，但备课非常规范，还说我是科班出身。不过，我很清楚，自己在教学上是缺乏经验的，要虚心向老教师学习。"

跟着两位师父听课

"巨野一中高中物理教研组有4位泰斗级的'大咖'，后来有一位到菏泽一中任教研组长了，其余3位都50岁出头，他们教学经验丰富且各有特色。其中有一位，不让别人听他的课，但就带我一个。我跟着他听了1年的课，他讲课非常简洁。教研组长是县里的人大常委会委员、政协常委，后来我跟他听了不到一个学期的课，他的教学特色就像过去农村生产队的老牲口把式，半天说一句话，不紧不慢，但掷地有声，没一句废话。"

"我想把他们两个人的特色揉在一起，但始终难以如愿。我后来就索性兼容并蓄，在不同的课堂突出不同的特色，并且根据自己的特点，在课堂语言中糅入文学色彩。就这样摸索了四五年，才有了一点自己的特色。1996年，我执教的课获得山东省优质课二等奖，成为学校第一个到省里参赛的教师。"

"当时，还面临一个危机，我们学校同一年参加工作的有12个人，结果第2年（1993年）就走了4个，有两个到了县里的其他部门，还有两个到了其他学校。为了不被淘汰，我们都很努力。"

⚛ 发展点1：为职评的顺利晋级而写论文

1988年，山东省进行职称评定试点探索，并于1993年正式实施。职评的第1年，因为前面压了好多老师，可谓千军万马过独木桥。听了领导宣读的职评细则，姜老师发现自己能把握的就只有一条——写文章（发论文）。因为发论文在100分中占5分。而教龄1年0.6分，工龄（满工作量）1年0.5分，这两项加起来1年1.1分，而发论文满5分能顶4年半（教龄+工龄）。对于（县级）优秀教师、年终考核优秀等业绩条件，姜老师自认为像他这样刚刚参加工作的年轻人，不可能被评上。

"我以前发过文章，有点经验。当时，有篇论文被采稿了，人家让拿150元版面费，这相当于我1个月的工资，我舍不得拿。1993年到1997年的4年间，我没发过文章，我认为这是我遇到的第一次发展瓶颈。当然，在这个阶段我参加了多次论文评选，拿了好多奖。"

"面对发展瓶颈怎么办？学习+探索+坚持总结。终于，1997年11月，我写的《平均作用力的应用实例》一文被《中学生物理报》刊登。这距离我1993年11月发表论文已经整整过去了4年。1998年9月，另一篇论文《查理定律的物理内涵》在《物理教学》上发表。为了职评，这个阶段我是功利性地在发文章。我通常的做法是，把学到的理论和实践结合，采用"理论+做法"的方式写论文。1998年我顺利通过中级职称评定。因为知道5年后要评（中学）高级职称，我就循着这样的方式继续努力，结果高级职称也顺利通过了（2003年）。"

⚛ 发展点2：为寻求职业突破，读教育硕士

2002年，姜老师本科毕业整整10年。此时，他已经在学校的中层领导岗位上干了3年。他觉得自己的职业生涯一眼能看到头，对工作了才10年就能一眼看到底的生活，他有些不甘，就问自己还能做点什么？

"我问我的指导老师该怎么办，李老师说：'你考我的研究生吧。'我准备了2个月，考上了教育硕士。"

"2003年，我脱产一年，攻读教育硕士。我认为，真正走向教学研究是从读教育硕士开始的。2002年在我准备考硕期间，读专业理论书，坚持学习，促使我经常写东西。2003年8月，在同一天晚上，我收到了两家杂志社的采稿通知。其中，《静电平衡若干问题的辨析》被《物理教师》（第9期）采用，《物理课堂教学行为案例分析》不仅被《中学物理教学参考》（2004年）采用，而且成为第7期的首篇文章……"

姜老师在脱产学习期间，听专家的教育理论和学科专业课，一边记笔记，一边思考如何将学到的理论和自己10年的教学实践整合起来。

他认为，攻读教育硕士、脱产、系统学习的这一年，促使他进入研究的第2个阶段。

"如果说，本科一毕业刚上讲台就有研究意识，算是开启了自己研究的第1个

阶段，那么这个阶段主要是向老教师学习，并结合自身特点初步形成教学特色。第2个阶段则是边学理论，边提升，边思考，边输出成果的阶段。比如，在学习教育心理学时，学到人本主义，觉得很新鲜，非常认同教学应该注重人文关怀，所以我就到处找相关的理论继续学习，同时也寻找和挖掘自己教学中对应的案例。《浅谈人本主义的物理教学》是第2阶段思想认识的代表。当然，这只是其中的一篇，被《中学物理》（第10期）采用，还成为那一期的首篇文章。此外，前面提到的《静电平衡若干问题的辨析》，是教电磁学的老师讲了课之后，我根据自己的听课笔记和感受整理而成的。"

  姜老师在攻读教育硕士期间及之后的几年里，步入了他职业生涯新的发展阶段。他先后主持了几项省级课题，不仅顺利结项，而且有一项还获得了山东省科研成果一等奖。2006年，他被评为山东省物理特级教师。

  系统的理论学习使姜老师的学术敏感性不断提升。2010年，他到南京师范大学学习，有一天上午，他听了一个关于新课程理念的讲座，专家讲到了"日常化教学"，并解释了杜威先生"教育即生活"的观点。姜老师对此非常感兴趣，就一边整理，一边查资料。返回山东后，就写了《论日常化学科教学》一文，《新课程研究》杂志于次年6月刊发。

  2011年，姜老师被北京市朝阳区教委引进到北京市第八十中学任教。2014年在一次学习中，姜老师第一次听到"学习进阶理论"，他突然觉得自己落伍了……"我赶紧找老师请教，发现这个理论是2007年提出，2010年进入中国。我又赶紧找资料研究，用了两个月的时间专门研究'学习进阶理论'。很快就完成了《基于物理建模的学习进阶教学设计》一文，并被核心期刊刊登。之后，我将'学习进阶''物理建模'结合起来，深入思考和挖掘，《基于物理建模的学习进阶及其指导策略》等文章陆续完成，而且都发表在核心期刊上，其中这两篇的下载、引用率是比较高的。"

  姜老师认为，他研究的第2阶段是以"实践+学习+思考+写作"为主的。"无论是日常化教学、学习进阶还是多元智能等理论的应用，都属于这个阶段学、用、写相结合的产物。包括对外有影响的课题，如"合作理念"，也都是这样形成的。"

发展点3：超越功利，坚持探索，渐成特色

姜老师认为自己研究的第3个阶段，"是没有功利性的，特级教师早评过了，正高级教师也评上了。在这个阶段，基于一些基本理论和教学实践，选准自己的方向，坚持思考、实践，逐渐形成了自己的特色。"

我想，积久而成的"实践+学习+思考+写作"的方式早已成为姜老师的生活习惯。奥维德所说的"没有什么比习惯的力量更强大"，这一点在姜老师身上体现得很充分。

姜老师所说的他的特色是合作生成教学理念和发展性课堂即时评价。他认为，特色的形成是个缓慢的过程。

"早期萌芽阶段是因为高三备考，给学生进行合作学习指导，当时山东许多学校推行的合作学习模式（虽然许多模式当时在国内非常流行），他觉得有点僵化，就产生了多维分组、灵活合作的想法，使合作学习方式更加灵活；受生成教学理论的启发，借鉴课堂生成资源理论，让课堂生成成为教学资源，使课堂成为有生命力的课堂。在此基础上，将课堂生成资源的开发融入多维合作学习中，形成'多维合作，诱导生成'的课堂特色。"

基于合作学习，追求生命生成的想法，姜老师先后申报并主持了五六个课题，逐渐形成了自己的思考，并且长期坚持。他认为，在北京评正高级教师，如果没有自己的独立思考是很难评上的。而合作生成研究，相对而言，是独到的。不再是单纯应用别人的理论指导实践或在实践中验证理论了，而是提出了新观点，具有创新性。

同时，姜老师还长期致力于课堂评价的研究，这项研究最早可以追溯到2003年，当时他还在读教育硕士，他重写了一篇关于"简谐运动概念教学"的文章，这篇文章成为他进入国家教材编写组的敲门砖。当时专家组的成员，山东师范大学的王启超教授看到了姜老师的文章后，专门见了姜老师，并给他讲了两个半小时。王教授是第一个把加涅的教学理论引进到国内的专家。王教授的指导让姜老师感受到了实实在在的提升，老先生还送给姜老师两本加涅的著作。

此后，姜老师听了一节高二关于电场的物理课后，就找了两本书——《透视

课堂》《教学策略论》，经过深入研读，将课与理论联系起来，写出《物理课堂教学行为案例分析》，2004年在《中学物理教学参考》第9期作为第一篇文章发表。王教授提出，课堂评价起于参与性或非参与性的课堂观察，要通过课堂观察进行分析，而分析要言之有据、言之有理。并鼓励姜老师，带着这样的思考，坚持5年，应该会有点独到的东西，而有了独到的东西才是了不起的。

"对王教授的指导我非常重视，回去后就有意识地在听课中运用。2003年年底，教育硕士脱产学习结束前，我们外出进行教学实践，在山东省走了一圈。其中在青岛实践基地听了一节老校友的课，评课时大家推荐我进行评价。新课标2003年颁布，2004年实施。当时，新课标在山东的试点还没实施，我从新课标的新理念谈起，谈了13分钟。之后去吃饭，结果我们等了40分钟，基地学校的领导班子却一个也没来。后来才知道，实践基地的校领导临时召开校务会，中心议题就是如何把姜老师留下。"对此，姜老师说："评课有理有据，才能产生影响。"

随着对评价研究的深入，姜老师提出，"通过非参与性、参与性课堂观察，最终的目的是回到自己的课堂，关注到课堂上的一些信息后，对自己的课堂进行评价，发现问题，马上调整自己的教学。"

到北京后，姜老师又有了新思考。此时，他接触到了发展性评价理论，尤其是华东师大崔允漷教授提出的基于课程标准的教学、评价设计先于教学设计等观点，姜老师将之吸收到课堂即时评价中，逐步形成了自己的评价判断。从2012年到2017年，姜老师很关注新课程环境下课堂行为的转变，如课堂提问的变化，用视频分析法促进课堂行为转变等。在此基础上，姜老师申请了朝阳区的规划课题，2019年还申报并拿到了教育部的重点课题。在课题研究过程中，完善了"动态多元，促进发展"的课堂即时评价理念，建构了发展性课堂即时评价理论框架。在申报立项和研究课题的过程中，姜老师深深感到"研究要有自己独到的思考，在一定思考下，才能生成自己的理论。2021年，我主持的教育部重点课题在中期汇报时，专家就明确指出，'发展性课堂即时评价'理念很新，但是在理论上有点勉为其难……针对专家的意见，我思考了大半年，一直在反思：究竟卡在哪里了？2021年寒假后，我们课题组讨论了好几次，大家不断地碰撞，有了些新的思考。目前，发展性课堂即时评价的基本结构已搭建好了，而且关键部分，如评价内容、评价手段、质量标准等都完成了。

姜老师回顾了自己30年课堂教学研究的经历后，说："从功利心到非功利心，不容易。作为一个中学教师，一辈子教学，我总在想，除了教学之外，我能不能留下点东西？而要想留下点东西，一定得有自己的追求，得有自己的动力，得让教育研究成为习惯。因此，对课堂教学理论，我就比较关注，总会有意无意地去看……"

⚛ 观点：研究要立足工作，产生思考，指导实践

姜老师是这样理解研究的：中小学教师做研究，一是要立足工作，二是要产生思考，三是能指导实践。具体来说，就是从实践中发现问题，然后想办法去解决问题，最终还要再回到实践，更好地实践。

或者说，是为行动而研究，研究行动，在行动中研究。其中，为行动而研究，指的是为了教好学而研究；研究行动，则是说要研究行动的过程，研究行动的各个环节；在行动中研究，则是在亲身参与的行动中作研究，整个行动过程和各个环节既是研究者的日常工作，又都在做研究。中小学教师做研究，不一定要输出学术成果，但一定要能做研究，能让周围的人受益。

第 3 章 来自教研员的引领

教研员是指我国省级、地市级、县区三级中小学教研室中的专职人员，主要承担着所负责的某一学科课程的发展任务，如课程规划、课程实施与课程评价等。教研员作为理论与实践的桥梁，承担着服务学校课程改革，指导教师课程改革的历史重任。[①]同时，教研员作为一个地区课程改革和教学研究的专业工作者，其研究特点是针对学校教学，直接指向教育实践，注重解决"怎么做"的问题，重在操作层面的研究。[②]

提起教研员，我充满感情。我曾经在郑州市金水区教体局教育发展研究中心做过6年教研员。无论是我自己的成长体验、担任教研员的工作经历，还是在访谈潘建明老师时了解到他走上研究道路的发展过程，我都可以自豪地说：很多中小学教师是在教研员的专业指导、支持帮助、服务引领下，实现快速成长，成为优秀教师的。

---

① 杨连明. 增强服务意识 提高课程领导力[J]. 现代教学，2011（7-8）：43-45.
② 刘历红. 教研员教学领导力：解决课堂核心问题[J]. 中小学管理，2014（6）：32-34.

以珍惜锻炼机会之心做事，走上研究道路

江苏省数学特级教师潘建明①对上游学校的整体发展尤其是初中数学的发展做出过积极贡献。2017—2019年，他3次作为"名师进上游"活动的专家，听了上游学校每位数学老师的课，与初中教师同课异构、诊断课堂并深度教研，还给全体教职工做过两场专题报告。此外，他还为学校推荐了初中物理等学科的特级教师，使更多专家参与到"名师进上游"②系列活动中。

潘老师是全国名师，很忙。但对于这次访谈，他做了充分准备。从1981年参加工作至今，他创立的自觉教育在全国各地发挥示范、引领作用……他娓娓道来，讲述了自己从小年轻成长为教育家的每个阶段的故事。

---

① 潘建明，正高级教师，江苏省特级教师，全国模范教师，"江苏人民教育家培养工程"首批培养对象，教育部"国培计划"首批专家库成员，中国数学奥林匹克高级教练，江苏省初中数学名师发展共同体领衔人，江苏省乡村骨干教师培育站主持人，自觉教育创始人。

② "名师进上游"系列活动就是请教师在参加各类培训时，选择自己钦佩的名师，请他们走进上游学校，做专业引领。名师走进上游，既要自己上课及同课异构，又要听评课并集体教研，还要做专题报告。潘建明、文卫星、姜连国、兀晓燕、吴殿更、张世成等十多位名师先后走进上游学校，对上游学校的教师专业发展起到了积极作用。走进上游学校的名师中，很多都是各学科教师通过学术活动、学科培训等结识后，向学校提出申请，由学校出面邀请的。所以上游学校的教师外出参加研修活动，不仅要现场学习，还有结识专家、选择名师的任务。这也是上游学校以开放的心态，广交朋友，积极学习，主动发展的体现吧。

运气：初入职场，好机会就砸中了小年轻

1981年，潘建明老师从镇江师范专科学校毕业，被分配到常州市金坛县指前中学任教。刚刚走上教育岗位的潘建明老师，当年就加盟到常州市教研室主任杨裕前主持的项目组中，参与平面几何入门教学研究。

是什么原因让初出茅庐的潘建明老师有了这样高的起点和如此令人艳羡的好运？潘老师又是如何看待这个问题的？

让我们听听他的讲述。

"杨裕前主任是常州市的教研室主任，负责辖市、县、区的教研工作。他针对平面几何教学中普遍出现的学生觉得学起来难、枯燥、没兴趣，以及教育教学中存在的仅仅停留在'双基（基础知识和基础技能）'水平的局限等问题，为了培养教师和提升学生更全面的数学能力，他自己主持项目——平面几何入门教学。为此，他从不同的学校选择项目组成员，而我们指前中学，虽然当时数学教师有八九个人，但各有各的情况，有的成家了，有的是民办教师，而民办教师是周一到周六在学校（那时每周还是6天工作制），周日还要回生产队劳动。所以加入项目组做研究的事，就落到了我这个刚刚参加工作的小年轻身上。"

"那时，老师们对教科研非常不重视。当时大家的工资都很低，而且农村交通不便，出门要坐船，从我们学校到城里还没通公路。但中心组要到县城或是到各乡镇中学活动，步行至少要走二三十里路……我觉得，能进入杨主任的项目组是很幸运的事，所以非常珍惜这次机会！"

"杨主任对平面几何的独特见解让我很震撼！项目组内其他地区的名师和教研员都很有水平。参加项目组的各种研讨活动，提高了我对教育教学、课堂结构等多方面的认识，我深受启发，受益匪浅。我把在活动中学到的理论和方法用到了自己的教育教学和课堂中，没过多久我就发现自己对教材、学情的把握有了很大进步。项目组的成员甚至认为我的教学达到了相当的高度，大家都很满意。"

"有的老教师对我说：'小潘，到学校才几个月，进步挺快！'"

"这个阶段的进步，让我第一次尝到了教育科研的甜头。"

⚛ **养成了好习惯**：每天晚上反思当天的课

潘老师说，因为自己是小年轻，又是大学生，所以很受重视。当时，他除了教数学、当班主任之外，1981—1983年还教体育和英语。而作为项目组成员，教研抓得紧，每周三都要进行教研活动，要引领其他学校包括公社的、乡镇中学的教研活动。而通过参加项目组的活动，潘老师养成了每天晚上回顾当天的课的习惯，主要是反思：

"1. 课的成功之处；2. 有待改进的问题；3. 与学生交流的过程中发现的学情、教情中的问题。"

"回顾和反思都做笔记。回顾重点是看预设的方案和实际教学中的不同，查摆问题，总结经验和教训。"

⚛ **竞赛**：没想到首次参与就获得了好成绩

刚走上教学岗位的潘老师，不仅加入项目组做研究，教学水平得到快速成长，还因为受到他自己高中老师的影响，喜欢做竞赛题和高考题，因此为自己创造了竞赛辅导的新机遇。

"钻研教材，广泛做题，我很喜欢做题。这或许是受到我上高中时的老师影响，当时教我们班的代数老师是金坛县中数学教学中的'四大台柱'之一徐敏之，他喜欢做竞赛题、高考题，受他的影响，我也喜欢做竞赛和高考题，做题的过程中，还能发现题与题之间的关联。上课时，我通常是以教材中的题为基础，通过变式教学，比如，把条件或结论改一下，促使学生的思维扩展起来。所以虽然我教的班作业负担小，但学习效果好。"

"1983年江苏省恢复中小学竞赛，学校让我做竞赛辅导。此前，我就在做江苏和全国的数学竞赛题了。那时，没教材，我就根据相关材料，包括'文革'期间的参考书等，编了讲义。没想到，首次参加全省竞赛，我辅导的学生们就获得1个一等奖、2个二等奖、5个三等奖的好成绩。"

积极做好事：所有的付出都为发展奠基

亲爱的读者朋友，不知您会如何理解这里的"做好事"3个字？听完了潘老师的叙述，或许您会对"做好事"有更丰富的理解与诠释。

"1981—1984年，跟着杨裕前主任做了3年项目，学到很多东西。他感到我有灵气，就把我拉入到核心项目组。"

"1985年，地区对课题研究有了相关规定，但不是硬要求，所以学校基本上没人做研究。当时，校长报了个课题，不过事情多是放在小年轻身上，所以我就参与到学校的课题中，规范研究就是从这儿起步的。课题研究促使我对问题有了深入的思考。"

"1987年，要评职称了，我那时参评的是中学二级教师，条件是要有相关的论文、课题、教学成绩、荣誉等。而那时，课题只要申报都可以立项。教学之外，我的主要精力是在对中考、数学竞赛的研究上，而成为全国奥林匹克教练后，行政方面的工作，主要是对学生思想的研究。"

"1989—1990年，县里成立了'课堂改革中心组'，我成为中心组成员，在全县既上公开课，还要参加相关竞赛……"

"学校有很多部门，教导处、总务处、医务室等，他们写东西都喜欢找小潘，比如写总结、计划。有人觉得我傻，谁让干活都干，而且干得还挺开心。我觉得，干这些活儿让我看到了教学以外不同的风景，对后来的发展起到了很好的奠基作用。"

"为了做好班主任工作，我钻研了家庭教育方面的一些理论，后来还成为江苏省家庭教育专家组成员，给家长上课，促进家长转变理念。"

"我认为，教学岗位外的行政工作和很多所谓的不是自己的活儿形成的一步步积淀，促进了个人职业纵向立体发展。所有的历练，都是奋斗之路。只有经历了，才会有阅历。"

系统研究：带乱班，学生变化大，回应质疑

1993年，金坛县撤县设市，设立金坛市（县级），华罗庚先生的母校金坛县中

更名为江苏省华罗庚中学。潘老师因数学竞赛被大家看好,校长把他从乡村中学选拔调入华罗庚中学,这给潘老师的发展开辟了新天地。当然,从教学工作等方面的标准看,从农村到城市,潘老师也面临很大的挑战。潘老师很清楚华罗庚中学是需要出成绩的,而且学校让他接了个乱班,面对他能否带好这个班的种种质疑,他在想,怎样才能在新环境下做好班主任工作?为此,潘老师开展了系统研究。

带这个班是从严格要求、培养学生好习惯开始的

"首先,是唤醒任课教师对乱班的信任。不仅是主课,特别是大家认为的副课,我都要求很严,特别重视,这让这些学科的老师到我们班上课都感到很省劲。仅仅两个月,效果就出来了,老师们反馈说,在我们班课上,学生听得认真,作业还不拖拉,总是很期待在我们班上课。能赢得科任老师的信任,是班风建设效果的显现。抓班风建设,既要面向全体,还要抓两头带中间,也就是抓好优生和待优生,抓两手,两手都要硬。抓班风,促学风,而良好的学风需要教师有方法。"

"其次,给学生明确的方法指导和标准。为了促学生养成好习惯,在很多方面都给出了明确、具体的方法指导和标准。例如:

1. 规范听课本的使用。本子的每一页,$\frac{2}{3}$写核心要点,$\frac{1}{3}$批注(对老师讲的)不懂的地方。听课本潘老师每周批阅。

2. 规范管理学习物品。一是自己的书包自己整理,二是上课所有的东西一律放在桌子的左上角,三是所有物品统一摆放。

3. 作业要求限时完成。对于每天的作业,要求限时完成,不拖沓。

4. 单元所学及时整理。每个单元学习结束,要求统一用A4纸,按照自己的理解系统整理知识点、思想方法、典型题目等。

5. 严格检查验收标准。卫生打扫好了,要戴上白手套检查效果;窗帘,拿尺子量,尺寸要求统一。

……"

潘老师认为学生的可塑性很强,他非常赞同魏书生老师带班的观点,就是"先谈习惯,再谈质量"所以严格要求,培养学生的好习惯。就这样,经过不长的时间,他所带的乱班就发生了非常大的变化,他自己也成了市里乃至省里的优秀班主任。他认为这些都和研究分不开，尤其是系统的研究。

⚛ 走上管理岗位：在更大的平台上做好事

作为华罗庚先生的母校且以华罗庚先生命名的中学，当时政府对学校参加"华罗庚金杯少年数学邀请赛"（以下简称"华杯赛"）不仅重视，而且要求每年的全国大赛至少要取得全国前五名的成绩。有一次，因为辅导竞赛的老师生病，学校抽调潘建明老师顶上。为此，潘老师在完成数学教学任务、班主任工作的同时，又开始钻研"华杯赛"。每天做题常常做到深夜一点多。他清楚地记得，1999年，他们参加在香港举行的第7届"华杯赛"时，赛前因他生病，局长带队参赛，结果学生全部获得金牌！那时，潘老师已被提拔到教导处担任副主任，后来又成为主任。

2000年左右，为了迎接新课改，要研究新课改。因为潘老师对2001年的第8次课程改革在理念与实践等方面都有研究，因而成为常州市课改讲师团的成员，承担了做讲座、指导课等方面的任务，发挥辐射带动作用，推进各校新课改工作。这个阶段，校内、校外各项工作叠加起来，工作特别多，任务非常重。

2003年，江苏省出台政策，县（市）级四星级高中不能有初中部。华罗庚中学的初中被剥离，在此基础上，成立了九年一贯制的学校，也就是金坛市华罗庚实验学校，并任命潘建明老师为副校长。

"校长是暂时的，教师是永恒的"

潘老师说，在他刚走上副校长工作岗位之际，老校长张年昌找他专门谈了一次话。老校长询问潘老师对新岗位的理解，潘老师先谈了自己对课堂教学、数学竞赛、新课改、家庭教育等各方面开展工作的想法，又谈到要想取得理想的中考成绩，老师需要让学生喜欢，最后还说到自己被提拔的事。说完这些后，潘老师感觉老校长神情诡秘，好像是有所期待但又没能得到满意的答复，所以不知道自己哪里出了问题，就看着老校长，主动询问并请他指导。

老校长语重心长地说："校长是暂时的，教师是永恒的。业务不能丢啊。"

潘老师说："老校长的话，对我的触动很大！非常感谢老校长语重心长的教诲。"

从那时起，潘老师无论身居何位，始终坚守讲台，从未离开过课堂。

潘老师是我们学校"名师进上游"系列活动第一位邀请的特级教师，对老师吸引力最大的恰恰是他炉火纯青的课堂教学艺术。我想，这应该是潘老师对张年昌校长教诲的最好回应吧。

研究已成习惯，分管德育出成果

初任副校长阶段，潘老师分管德育，虽然是九年一贯制学校，但小学和初中的德育工作有很大差异。他将自己做班主任的工作思路与经验迁移应用到更大的范围，以主题活动为载体，各年级有各自的侧重点，从礼仪规范"坐、立、走"切入，出台了学生在校一日规范，培养学生良好的行为习惯。同时，针对班主任怎样走到学生心里去展开研究。此外，为了赢得家长的配合，同步开展系统的家长学校教育活动，"给家长洗脑……学生工作顺多了。"

在实践出成效的同时，潘老师还带着老师们梳理了德育工作的经验，主持的江苏省教育科学规划课题《家校教育合力系列化研究》获江苏省二等奖，并出版了多部著作，如《和天使们一起走过》。

创立自觉数学教育：在实践中孕育理论

自觉数学教育在实践中萌发

2005年，为纪念华罗庚先生，学校修建了纪念馆，既用来组织纪念活动，又作为江苏省数学奥林匹克竞赛基地，用于组织培训与赛事。在此期间，潘建明老师主持相应的奥赛活动及江苏省科技大赛，在准备期间，潘老师感到买来的书针对性不强，就组织、带领老师们编撰了小学、初中、高中竞赛的教材，并在江苏凤凰出版集团出版。编撰过程中，潘老师对教学、对课堂的理解，对学情的把握都有了新的认识。

2006年，潘老师申报并主持了江苏省立项课题《先学后导，变式拓宽教学研究》。潘老师认为，主持这项课题，促使他系统梳理、反思了自1981年参加工作以来25年的从教历程，自觉教育思想就是在这个过程中萌发的，并随着课题研究的深入而日趋清晰。

在人民教育家培养工程中不断提升

2008年，潘建明老师申报江苏省数学特级教师，并顺利通过。同年，他领衔常州市名师工作室。

2009年，江苏省实施"人民教育家培养工程"，首批培养对象全省50人，其中校长25人，教师（潘老师因为始终在一线上课，所以他在教师系列内参评）25人。25位教师中，13人来自小学，11人来自高中，只有潘老师1人是初中的代表。"人民教育家培养工程"为期5年，而且给培养对象分配了导师，并要求人人有项目、人人有研究。潘老师的三位导师分别是："青浦实验"的开创者、华东师范大学特聘教授顾泠沅先生，华东师大崔允漷教授，苏州大学陶红教授。5年中，潘老师不仅接受导师指导，还多次和省内外专家学者交流。系统的培训促使潘老师深入思考，持续研究自觉数学教育的相关问题。

在2009—2014年培养期间，潘老师的学术影响力在省内外不断扩大。他个人的发展也进入了崭新的阶段，如，2010年，潘老师顺利晋升为正高级教师；又如，成为江苏省中小学培训学院的兼职教授，参加了省里的指导项目。

挑战教育信息化与教学融合

2013年，常州大市为开发中小学慕课项目，把潘老师从金坛市调到常州市，开发全国首个初中数学系统的慕课——青果在线学校，标配到互联网+教学。经过努力，他们率先做出了系统的慕课课程，潘老师也因此成为清华在线教育的优秀教师，成为全国教育信息化与教学融合的专家，先后到中国台湾和香港进行慕课交流，还代表中国参加与澳大利亚、美国、加拿大、俄罗斯等国教师同台授课的活动，得到了专家、教师的广泛认可和赞誉。

2015—2018年，由教育部中央电化教育馆和英特尔公司联合推动的"教育大数据分析研究"项目开展,选了7位专家,潘老师是唯一的一位中小学教师。潘老师认为,有幸参与到大数据分析活动中,通过这个平台,"不仅看到了中国教育信息化的建设,而且有助于完善自觉数学教育思想。因为通过数据分析,可以清楚地看到,学生没学会、没学好,板子不能打到学生身上……"

自觉数学教育教学影响力不断扩大

最近几年,关于自觉数学教育教学,潘老师在全国30多个地区上课,且先后出版了《解读自觉数学课堂——"以学习为中心"理念下的教学现实》《聚焦现代教育技术背景下自觉数学课堂》《翻转教学形态的变革与创新研究——以初中数学教学现实为例》《从"翻转教学形态"走向"自觉教学形态"——以初中数学教学现实为例》《潘建明与自觉数学教育》等著作。

潘老师不仅能现场授课,还能进行理论归纳、提炼,不仅做得好,还能说得清,所以他的成果能复制、可推广。因此,潘老师在实践与理论上的示范、引领作用日益彰显,学术影响力随之扩大。

2019年,在潘老师即将退休之际,常州市领导慰问了潘老师,市长表示:让潘老师成为自由人,将经验更好地辐射到本地区……之后,教育局给了他4所最薄弱的初中学校,成立了常州市自觉教育联盟。仅仅1年后,这几所学校就进入到区域教育第1方阵;很快,对辖区教育局帮扶的学校就发展到了11所(其中有4所高中)。潘老师在每一所学校全学科听课、指导,进行教师培训,对家长和学生也进行培训,1年后这些学校教学质量也都得到了提升。在此基础上,教育局成立了第二届联盟。后来,又给了潘老师两所高中,他带领学校从教育教学常规、学生学习常规、作业管理常规等方面抓起,向40分钟的课堂要质量,对教学风险进行管控,很快这两所高中学校就有了较大起色。截至目前,自觉教育已覆盖到全国7个地区、22所学校,引领着18个工作室,仅以河南为例,潘老师连续3年作为《教育时报》成立的教师成长学院的指导教师,对一批一批的中小学教师进行专业指导。

💡 历红感悟：研究需以积极的心态做支撑

亲爱的读者，不知您是否从潘老师走上研究道路的故事中发现：无论做什么事，不管是分内的还是分外的，总是那么积极而努力，总是要竭力做好，那始终向上的心态，那不断突破的意识，那敢于挑战的勇气，最终使潘老师在研究的道路上不断向上攀登，越走越远，越走越高。他扎根课堂，一步一个脚印，在长达几十年的一线实践中，生成了自觉教育的理论体系。

潘老师认为，"研究，从朴素的角度理解，做老师就努力要做让学生信赖的好老师。而做事心细和富有能力才能成为好老师。而要想提高能力，则需向书本、向实践、向他人学习，要善于融汇别人的经验，比如听别人的课、想自己的课，提高教育的含金量；要理顺与教育、与学校的关系，不断使自己的认识从感性走向理性；要理清思维发生、发展的逻辑规律。为此，需要登上3个台阶：1. 学以致用；2. 学以致思；3. 学以致创。"

由此，他对研究的概念的界定是，"研究就是要理顺研究对象发生、发展的变化的逻辑规律，理清逻辑路径，看到事物的本质。"

刚刚走上教学岗位，就有机会加入市教研员主持的课题研究团队中，这在我访谈的16位教师中，潘老师是唯一的一位。从走上研究道路的角度看，他是最幸运的！

但仔细分析会发现，这个幸运是回过头来看时得出的结论。当时老师们收入微薄，而且外出时交通相当不便，参与这样的研究，不仅意味着连续3年，每周都要舟车劳顿、辛苦奔波到校外参加研讨活动，还要经常承受给其他学校上示范课的压力。正因为有这么多的麻烦事，所以担子压到了小年轻身上。如果当时大家觉得做研究是个香饽饽，大家争着抢着做研究，或许未必能轮得上他这个小年轻吧。正因潘老师认为，所有的付出都是奋斗之路，哪怕是干很多人眼中的"傻事"，比如谁让他干活，他都会认真地干，不拒绝、不应付，非但不觉得辛苦，反倒还觉得是锻炼。日复一日、积年累月的锻炼，才铸成了幸运。

这让我想到生活中很多类似的事儿，幸运往往是额外承担和付出的代名词，是有的人顶住压力、承受磨砺、获得成长、从而赢得成功后，回过头来看时所得出的结论。但身处其中，居于当下时，并非所有的人都愿意且乐意去承担额外的付出、去承担额外的压力。所以，唯有保持积极、主动心态的人，才能将之转化并进而将之发展成为机遇。一旦嫌麻烦、怕劳累，就难免心生怨言，或草草应付，即便参加了也难以孕育出幸运，最终也只能是参加了而已，虽然付出了时间，但很难留下痕迹，更难以转化为成长的阶梯。所以，中小学教师做研究，需要有积极的心态做支撑。其实，做任何事都一样。您说呢？

归根结底，幸运是在积极心态的支撑下、在不懈奋斗的拼搏下、在坚持研究的努力下，通过最终呈现出的结果，产生的结论。所以，亲爱的读者，如果我们想要创造幸运，想要像潘老师那样从农村走向城市、从默默无闻到影响力不断彰显、从跟随别人学习到自成一家，要始终拥有并传递出满满的正能量，始终坚持实践、反思、学习、再实践、再反思、再精进，始终勇于面对、敢于挑战……我不认为，舍此之外，有何捷径。

让我们一起加油，创造属于自己的好运吧！

第4章 来自自己的探索

胡德海先生在《教育学原理》中论述了"教育"和"自我教育"的关系问题。起初,我对把这两个概念拆开进行分析并不理解。但随着对人的发展、对教育的持续思考,逐渐对两者的关系有了较为深入地理解。教育过程中要挖掘自我教育的资源,让自我教育促进教育质量不断提升。同时,教育的最终目的是想方设法促进个体实现自我教育。两者相辅相成,此消彼长,恰如胡先生用太极图显示的那样,存在着动态平衡、互动发展的内在关系。

在中小学教师走上研究道路的过程中,尽管更多的契机是来自外部促力,当然契机生成的前提条件是个体内部具有向上的动力。但也有两位教师他们走上研究道路的契机,更多的是缘于他们的自主求索,如通过研究高考试题,发现了考题的错误,撰写论文指出问题所在并进行分析,从而走上研究道路;又如一直琢磨"到底要教给学生什么",在持续思考和坚持学习中走上研究的道路。我想,一线教师中潜藏着很多这样的教师,他们犹如埋在黄土中的金子,待来日,拂去尘土,必将绽放光芒。

只是拂去尘土的过程,要像文卫星那样"数学教师该做的题一定要做"，一直思考"怎么能把概念讲清楚？怎么找到符合学生认知的、简单的方法解题？"要像何耀华老师那样，对"究竟要教给学生什么"始终心存困惑，坚持求索。

　　成长的道路上，从来就没有捷径。所有看起来的轻而易举、毫不费力，隐藏在背后的都是夙夜匪懈、千辛万苦。研究之路，亦是如此。

第1节　因琢磨讲清概念和秒杀题，走上研究道路

文卫星是上海市特级教师[①]，对上游学校高中数学的发展做出过积极贡献。2018年5月和2021年3月，文老师先后两次作为"名师进上游"活动的专家，在上游学校既听评课又上示范课，还参加教研活动并作专题报告。此外，他还时常通过网络，为上游数学教师答疑解惑，甚至会花很多时间帮教师梳理解题思路，他的谦逊、耐心、细致和专业带给老师们很多感动。

起步：在做题中发现并坚持琢磨的问题

1982年，文老师毕业于徐州师范学院（现在的江苏师范大学）。毕业后，他回到老家的一所农村中学教高中数学。有人说，文老师"初中是在小学读的，高中是在初中读的"。这话听起来挺好笑，但并非玩笑。"文革"期间，村里的小学分初级小学（只有一至四年级）和完全小学。"文革"期间有些完全小学还办有初中，但公章是某某小学。同时，许多乡都有高中，但公章却是某某初中。文老师的初中恰恰就是在村子里的完全小学读的，因而初中毕业证盖的是小学的

[①] 文卫星，上海市特级教师，上海市首批"名教师"培养对象，上海市共享课程《数学教学中的育人》主持人。退休前任教于上海市七宝中学。在《数学教育学报》《数学通报》《中学数学教学参考》等近50家报刊发表论文或文章330多篇。专著有《超越逻辑的数学教学：数学教学中的德育》（2009）、《文卫星数学课赏析》（2012）、《一题一课·上海高考数学好题赏析》（2019）、《挑战压轴题·高考数学·精讲解读篇》（2010—2020共11版）、《数学初高衔接·讲与练》《数学初高衔接·练与考》等。

章；他的高中是在乡里读的，所以高中毕业证上盖的是初中学校的章。所以就有了上面的笑谈。上大学前，文老师还在村子里当了两年民办教师，既教小学又教初中。

当数学老师，该做的题一定得做

因为"文革"期间教学质量存在诸多问题，所以尽管大学毕业，文老师刚教高中时却发现，书上的很多题他都没做过。怎么办？把书上的题做一遍。

针对做题，文老师说："要让学生的负担小，需要选做一些题。前提是老师自己先做了，再让学生做。"

"还有，做着做着，就会发现有些问题有多种解法；有些题，要把概念讲清楚，学生才能做对。"

促进理解概念需举学生熟悉的例子

"工作的第1年，听一位教师上公开课，讲的是"数学归纳"。引入环节，这位老师用的是多米诺骨牌。我发现，边上的两个孩子没听懂。为什么？那时候农村的孩子，很多不知道什么是多米诺骨牌，所以对引入的例子没感觉。"

这节公开课带给文老师很多思考。之后，他就一直琢磨两个问题："一是怎么能把概念讲清楚？二是怎么找到符合学生认知的、简单的方法解题？"

1983年，文老师参加工作的第2年，县里在他们学校开教学现场会。学校让他上公开课，按进度也是"数学归纳"。他认为，概念讲解很重要。但以什么形式能让学生更好地理解概念是关键。为此，他苦思冥想，究竟用什么方法能帮助学生更好地理解概念？

功夫不负有心人。

有一天，文老师看到学生的花名册时，突然想到：姓氏……子随父姓，代代相传，就是归纳法，姓氏的递推与数学归纳法的原理是一样的。他觉得这个例子很贴合实际。不过在和学生沟通时，学生提出疑问：如果家里没有男孩（1983年已实行计划生育），姓氏不就传不下去了吗？针对学生的质疑，最终选择了"孔子"作为分析的例子。文老师笑称，凡人做不到，圣人可做到。孔姓传人，有很多在海外，不受计划生育政策的限制，以"孔姓"为例，进行类比、抽象，得到数学归纳法的概念，学生更容易理解。

文老师认为，举例要举学生熟悉的例子，才能帮助学生理解概念，理解数学抽象。

发展1：首次发文写的是一道高考错题

1988年，文老师在参加工作6年后，发表了第一篇论文。这篇论文写的是1987年高考中的一道错题。这道错题，文老师也是在做题的过程中发现的。他把问题进行了分析，并投了稿。这篇文章，在第2年被杂志社采用，公开发表。

文老师说，他一直沿着"怎么能把概念讲清，如何找到符合学生认知的简单的方法解题"这两个方向在思考。在30多岁那个阶段，他写了几十篇关于解题的文章。这类文章他写得很快，因为已经熟练掌握了这类文章的基本结构，所以只要内容拎得清楚了，很快就能写出来。而所写的内容主要有两类，一类是题的解法、推广和变式，另一类是评论高考题，包括高考题的一题多解、问题推广，等等。

发展2：从写解题类文章到写教学类文章

文老师认为，从30多岁时单纯写解题类文章到40岁左右倾向于写教学类文章，是一个发展。"之前，写不出教学文章，是因为火候不到。"文老师说。

1998年，文老师从江苏省锡山高级中学（无锡）调到上海市莘庄中学。在这所学校工作的4年间，文老师深入进行教学研究，他谦称："上了几节有影响力的课"。其间，他发表的文章内容日趋丰富，既有自己研究如何解题的，指导学生学习方法的，更有教学理论文章。此后，文老师经常写教育教学文章，成了报刊的常客。

让他特别难忘的是1998年教师节前夕，班里的一个学生在贺卡中写道："我们相信你是个负责任的老师"。听话听音，学生的潜台词是文老师不负责任。原来，文老师刚调到新学校后，不了解以往学生的学习情况。向班主任询问后才知道这个班以前不仅周六补课，连周内的自习课老师们也都要上课。但文老师既不拖堂，又不补课，作业量也不大，学生刚开始很不适应，所以非常担心，害怕不多做题成绩会掉下去……仅仅过去了1年，转眼又到了教师节，这次学生给文老师的贺卡是这样写的：

"已知：文卫星。身份：数学老师。擅长：开发学生的思维能力。求证：他已获得学生的敬佩。证明：你独特的教学模式，让我们从题海中解脱。又∵您的幽默，让我们倍感数学的魅力。∴结论正确。综上所述，你是一位优秀老师"（见附图）。

文老师到上海教第一届毕业班时，发现有些学生每天做一套综合题，而他原来在江苏省锡山高级中学时，每周才让学生做一套综合题。针对这个新情况，文老师通过精讲例题和精选习题的方式进行教学，并要求学生只要把他在课堂中所讲的知识理解透彻，课后再完成布置的3~4道客观题和3~4道解答题就行。高考结束后，无论是教师、学生还是家长都对数学成绩非常满意。因为不仅班级平均成绩比招生时整体迈上了一个台阶，而且有位同学还考出了147的高分。对此，文老师写了一篇文章《减负，数学老师可以做些什么？》发表于《数学教学通讯》2001年的第4期。这篇文章的中心观点是：学生减负，教师增负。就是教师要精选有典型意义的例题、习题，学生只要理解透彻，高质量完成作业，效果就会很好。

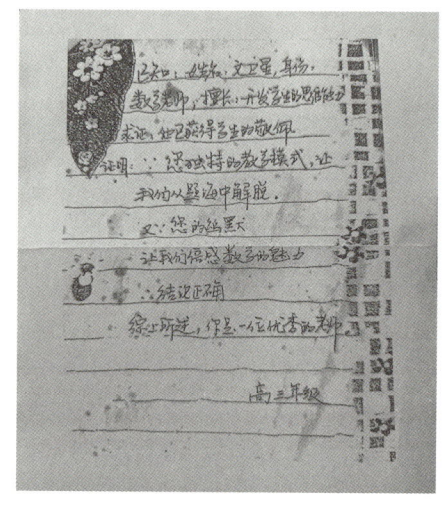

附图：1999年高三学生送给文老师的教师节礼物

发展3：重思维育人，逐步形成教学特色

2002年，文老师调入上海七宝中学任教。此时，他越来越关注每节课究竟

该怎么上？从教学设计到课堂实操，他的课堂越来越重视数学育人。他说，"因为关注每一节课，所以在写教案时就格外下功夫。后来，我就把20多个教案集中起来，结集成册，出版了《文卫星数学课赏析》。而且为了方便一线教师借鉴，在每篇教案后面还都附上了专家点评。"

说到出书，文老师说，"其实写的东西很多，能说出来的只是其中的一小部分。而且刚开始也没想着要出书，就是凭直觉，有点感觉就写下来、记下来。没想到，有机会时就出版了。"他还说，"2015年，国家提出'立德树人'，而早在6年前的2009年，所写的《超越逻辑的数学教学：数学教学中的德育》一书中，就是谈数学育人问题。"当然，做题依然是文老师的保留项目，尤其是他把引导学生解题思想方法高度结构化，总结成"思维导图"的形式，并结集出版，纳入他的著作《挑战压轴题》中。这本著作，从第1版到第10版，整整出了10年。而第11版，2020年调整为《挑战压轴题》（新1版）。这本书，十多年来在我国高中数学界一直发挥着专业引领作用。

最近几年，文老师把这些总结成为"生态课堂"。他提出，课堂主要是把握"两个尊重"和"两个度"。具体来说，"两个尊重，就是尊重学生的认知规律，尊重知识的发生、发展规律。""两个度，一是指思想高度，主要是哲学思想、数学思想；二是指文化厚度。"文老师认为，"有些老师讲课，能把握住讲什么、怎么讲，但对两个度把握的不是很好。也就是说，有的老师能讲清楚题，但上升不到哲学思想和文化角度。如果局限在教什么、怎么教的层面上，这是不够的，还要看在什么样的哲学思想下，体现出的数学文化，这样课才更丰满。"

文老师还认为，"教什么、怎么教？只是教书的层面，还没有上升到育人层面。理科教师，立德树人，好像不太容易体现出来。这其实是认识上的一种误区。从数学角度，教书育人需要从两个层面着手，首先是要培养学生的思维能力，因为数学是逻辑思维的载体，思维能力提高了，学生的整体能力就会得到发展；其次是对学生进行毅力的培养，使学生养成遇到困难不轻易放弃的品质，这是以数学知识为载体培养学生的理性精神。"

观点1：研究就是做些人家没做的事情

文老师是这样理解"研究"的：

"所谓研究，就是做一些人家没做的事情，比如解题、教案等，要有点新意。例如，解题，是从各个角度出发，能有多种解法，且比标准做法简单。其实，标准答案学生有时不一定能看懂，标准答案讲究正确性，而不会考虑老师讲课的艺术性。同时，也要思考试题的来源，研究各种解法，是否能够推广等。为此，最近这两年，我一直在做'全国高考数学题讲题比赛'这件事。"

"再如，教案有新意。现在仍有教师在索要我十几年前的教案。'诱导公式'一课是2003—2004年上过的课，2005年发表的。在这一节课中利用对称性，把分散在多处的诱导公式集中在一节课讲完。最近发现2019年以来人教社A版、B版、上海版、江苏版教材改版，诱导公式这一部分与我十七八年前的思路是一样的。"

"还有一个是上海教材，关于正切函数的性质。2015年，我曾指导一个徒弟上过这节课。书上的做法是先作图，再观察性质。我认为，正切函数不用这样做，可以直接证明性质，再作图。这与高等数学的方法一致。现在上海教材已经调整，和我当年的做法也是一致的。"

"也就是说，我多年前的一些做法，碰巧进入现在的新教材了。"

观点2：研究契机就蕴藏在教学生成中

"课堂上师生讨论会生成一些新想法，把这些想法及时记下来，虽然不一定能发表，但说不定什么时候就能用得上。"

"有一年，核心期刊《中学数学教学参考》开了个新栏目，向我约稿，要求一周后交稿。因为稿子要得很急，但我白天要上课，教学任务比较繁重。所以我就和编辑商量，请他给我10天时间。结果一周就写好了，放了3天后，又修改了一下。为了完成这篇稿子，前三四天，我在脑子里谋篇布局，但并没有动笔。而是在后3天的晚上开始写作，用到的例子都是平时记录的，把这些内容'粘贴'、规整到整体框架下。写文章，只要有整体思路，有论据支撑，写起来就很快。而这些论据都是平时随手记下来的。包括写书，很多东西都是当时有了感觉，随手及时记录下来的；也包括让学生写的章末小结（每一章学习结束后，会让学生写小结），只要发现写得好的，我就会记下来。"

"写东西，只要能把在课堂上或教学中的心得体会及时地记录下来，经过多年积累，一旦有了主题，很快就能写出文章。因为已经积累了大量的素材。"

"现在提倡大单元教学，但没看到让大家都信服的关于'大单元教学'的定义。我认为，诱导公式那节课就是大单元教学。讲函数就是为了埋伏笔（对称性问题），把大单元落实到一节课的40分钟里。一线教师要讲实实在在的、可以操作的东西。看到'大单元教学'这个概念，我想到的是二三十年前说的'整体教学'。当下，发明了很多新概念，有些教育学家，书中写的都是外国的例子，自己的例子呢？一线教师看这样的书，如果都是外国理论，都用外国理论来指导我们的教学，会觉得不接地气。如果能用中国的例子指导教学，才更让人佩服。"

"有人问我，你怎么发表了那么多文章？其实他不知道，没有发表的比发表的多得多。当然，有些老师没写文章、没发表文章，并不等于他没有进行研究。"

历红感悟：在坚持思考创新中厚积薄发

脚踏实地，追求新异

无论是听文老师上课、评课，还是和文老师当面沟通，以及在线交流，文老师在数学教学道路上一步一个脚印、踏踏实实钻研的过程，让我学到很多。作为在"文革"期间完成学业的老师，他的专业底子并不扎实，成为高中数学教师后，是一边自学一边教书的。文老师在做题的过程中，不单纯是掌握解题的套路、方法，而且非常重视深入地思考，重视发现问题和总结规律，他说，一直沿着"怎么能把概念讲清、如何找到符合学生认知规律的简单的解题方法"在努力。为了让学生更容易理解概念，他提出要举学生熟悉的例子。在听同事的公开课时，他注意观察学生的反应，并且追问学生听不懂的原因，沿着学生的问题不断深入，找到别人没有用过的且学生非常熟悉的姓氏作为"数学归纳"的分析案例。正因为他对研究的理解是"做一些人家没有做的事",所以在教学上、在解题中,他总是求新,无论是他自己上课还是辅导徒弟上课,设计思路总有超前之处,甚至还跑到了教材的前面。他根据自己的经验,提出了"一线教师可以做些事"的观点。文老师的这个观点,饱含着对中小学教师创造性地做好教育教学工作的肯定与期许。对他的这个观点,我非常认同!中小学教师身上蕴藏着巨大的研究潜能,这股能量一旦被更大程度地挖掘和释放出来,中国的基础教育必将在民族复兴、国家富强的过程中发挥不可替代的巨大作用。研究表明,当教育质量在全球范围内具有优势且能持续20年左右,就会促使国家在各个方面产生竞争优势。其中,基础教育具有奠基性作用。

让教学走向审美境界

文老师重视思维教育和教书育人,他提出教学要做到"两个尊重、两个高度",即尊重学生的认知规律、尊重知识发生发展的规律,教学要有思想高度和文化厚度。这个标准是相当高的。我记得,文老师在授课时,常用他自己创作的诗词(包括打油诗)、口诀等,既便于学生理解记忆,又风趣幽默,还颇具文化意蕴,充满了人文情怀。例如,在极限定义的课堂小结中,文老师将自己总结的"无限趋近"思想概括为"极限精神":

明知不可企及,你却锲而不舍,历经各种磨难,终近理想彼岸;
你的坚韧精神,世人代代相传,每逢攻坚关头,高呼挑战极限!

从知识层面直抵精神内核,将立德树人潜移默化地融入教学之中,这就是他所追求的"两个尊重、两个度(思想高度与文化厚度)"的具体体现。

他认为,数学教学可以分成三个层次,第一层次是基础知识和能力训练,第二层次是把知识和能力纳入数学文化之中,而从数学文化中提炼出数学人文精神则是第三层次。课堂教学只有达到第三个层次,学生才能感受到上数学课是一种享受。[①]

正因为文老师对数学思想、文化内涵、审美境界的不懈追求和躬身践

---

① 文卫星. 引导学生欣赏与发现数学美——以极限教学为例[J]数学教育学报. 2012(2):56-60.

行，他教过的学生才会发出"尽管有一天，我们会忘记定理和公式，但是您带给我们的数学美将会永远铭记在我心中"的感叹。

　　听文老师的课是一种享受，因为他的课体现出很强的教学艺术性。他所彰显出的教学艺术，就是以他自己对数学的热爱，去唤醒、激发出学生对学习的热切与渴望，使之进入到一种良好的学习状态，在具体的学习情境中，更好地理解和运用所学的知识，创造性地解决数学问题，从而达成既定的教学目标，并在此过程中，使学生体验、感悟到数学的美。

第2节　在思考"教给学生什么"中走上研究道路

何耀华是北京第十九中学教科室主任兼高中生物教师。在访谈的16位教师中，与何老师结识的时间是比较短的，说起来要感谢批判性思维培训（以下简称"批思"培训）和上游学校的王力争校长。2019年暑期，王校长曾到北京参加"批思"培训，2021年暑期他组织上游学校行政班子集体到北京学习，承担这次培训的就是何老师所在的学校，而她则是这次活动的主要负责人之一。这次"批思"培训共有两部分，前两天是全国性的研讨大会，后5天是小规模的专题研修，而我们上游学校一行则是全程参与。就是这为期一周的学习，让我有幸与何老师结缘，至今仍保持着惺惺相惜的友谊。

何老师对司空见惯的教学问题的困惑、追问与持续思考及独立见解，总能带给我不一样的启发。我们一起看看何老师是怎么走上研究道路的。

持久的困惑：生物到底要教给学生什么

在谈到"自己是怎样走上研究道路"这个问题时，何老师深有感触地说，她那时并没有什么职业生涯规划，一切都是在从事教师这一崇高职业之后才一步步走到今天……

1992年，何老师从杭州大学（现已并入浙江大学）生物专业（非师范类）毕业。因为当时高考取消了生物学科，所以中学对生物教师的需求减少。她被分配到学校工作后，前两年教的是物理，因为非师范生又非物理专业，何老师说

"第一年教课的情况很糟"。为了能站稳讲台，何老师就跟着一位非常优秀的教师学习，这是她职业生涯中的第一位师父。师父虽是师专毕业，但爱钻研，善积累，还出了一本教参类的书。何老师认为，师父的这本书非常实用，因为都是他从一线教学实践中总结出来的经验。或许恰恰就是凭着这本书，他们学校很多学生的物理学得都很好。

师父是物理教研组长，他的课堂是开放的，何老师就跟着听课。那时何老师刚毕业，几乎用不着转化角色，代入感就很强，在课堂里俨然是个学生。她不自觉地就把自己上中学时的课和师父的课做比较，对比后她发现，当年教自己的老师的课讲得不好。相较而言，师父把物理知识、概念的讲授都跟具体的物理现象结合起来，很容易理解。这是何老师从师父的课中获得的最直接的体验，从中她似乎也悟出了一些道理。第2年上课时，何老师努力向师父靠拢，用悟出来的道理作为目标和反思标准，力求让抽象、无趣的课本知识和生活中鲜活的物理现象关联起来，学生普遍反映良好。何老师说："当时，我就把这个认识写成了一篇小论文，而且得到了认可，参加校外评比还获了奖。""老师写东西，只要是有用的，就能被认可。因为从实践中总结出来的东西，真能解决实践问题。"

中小学老师大都很怕写东西，但这次经历让何老师觉得写东西其实并没有想象的那么难。此后，她对动笔"做文章"就没有了畏难情绪。其实，敢于尝试最重要，迈出第一步最困难，一旦真正行动了，就会发现，写东西真的没有想象的那么困难，因此切不可先让畏难情绪把自己吓倒。

1999年，何老师从家乡——浙江的一个小山城——调到省城杭州的一所中学教生物。这所学校的一位前辈文笔很好，而且很喜欢把写的东西分享给大家。何老师看后觉得，虽然文章语言很风趣，理论也不少，但总感觉不解渴，提炼不出值得借鉴的"真经"。听他的课，妙趣横生，包袱很多，好像是一堂讲笑话的课，但讲了些什么？教给学生了什么？也提炼不出来。这成为何老师的一大困惑。她说："这让我感到困惑，生物究竟要教给学生什么？这个困惑一直影响着我，直到今天仍然萦绕脑海。我总在想，前辈的课生动、风趣，学生上得很开心，但收获似乎不多，成绩也不太理想。"

"后来，我接了前辈教过的班。那时的我对自己、对如何教好生物心里也没底，怎么教也不会，但我的责任心强，压力大……我就让学生提问，当堂解决并练习。那时辅导材料很少，课上处理一两道题，学完后就让学生问'还有什么问题？'"何老师觉得，新手老师或跨专业、没经验的老师，让学生及时反馈他们的问题，然后针对性地解答，只要勤奋一点，这是可以做到的。"结果那一年参加杭州会考，不仅没有像往年那样垫底，一下子甩掉了不好的声誉，而且成绩还冲到前几名去了。校长很高兴！向我了解情况，其实我也没有什么经验，只是让学生问（开始时是让学生把问题写下来，我用笔头文字和他们交流）。我想，这样做打下了很好的学情的基础。不断地让学生提出问题，老师才能知道学生的问题究竟在哪，教的时候，才能对学生的问题既有针对性还游刃有余。这对学生的自主学习、问题意识都打下了很好的基础。"

针对这种方式起到的意想不到的效果，何老师说："我的直觉是教学不是知识体系的问题，而是解决学生的问题。教学的规律跟知识本身的逻辑不完全一致，甚至不是一回事。在学生的认知体系和知识体系之间，教师更要尊重学生的认知发展过程，学生的学习是需要教师引导、解答他们的认知过程中的困惑，通过教学设计，尽量让这种认知结构和知识结构趋同。"

结构化1：修正认知结构，揭示本质规律

在反思这段经历时，何老师认为，参加工作之初，物理教研组长带给她的是正面的启示，而在杭州工作时的前辈则是一个反例。从中她悟出：

"教学中，一是知识要具体化，二是学的过程是全新的认知建构过程，不能仅从知识本身或知识体系去陈述、去讲授。老师掌握了学科知识体系，很难保证他是合格的教师。还要有基本的技能，就是要解读学生，更要引导、修正学生原来的认知，才是合格的教师。"

"不过，虽然这位前辈讲课的收效不是太好，但他在教研时，会分享他写的东西，也鼓励我们组的老师及时归纳、总结、提炼，这一点对我的促进和帮助很大。"

何老师在前辈的鼓励下，把这个阶段的探索和感悟写了出来，还拿给她爱人

看。何老师的先生看后，觉得将题目改为"认知图式转化教学模式"似乎更贴切。"这一案例背后折射出的是学生认知结构的转换，是把学生的认知引导到更合理的水平。"这篇论文获得杭州市论文比赛的一等奖。谈起这段二十多年前的经历，何老师笑了。我想，她的喜悦中，既包含着对前辈鼓励的感激，又包含着对先生支持的感谢，还包含着对自己教学进阶和赢得各方肯定的自豪。

"获奖后，先生说，'你的文章有方法论的东西，只是帮着提炼了一下，因为这一点原文没有表达清楚。'这次修改对我的帮助很大，它让我意识到：文章不是事的堆积，不能停留在表面事件上，而是背后要有理论观点和支撑，要能立得住。文章的价值在于让人家看了有收获。所以一定要把素材背后的规律、本质揭示出来。"

批判性思考：引起重视并迈上了新台阶

何老师提炼自己在生物学科探索经验的同期，多元智能理论刚被引入到国内，何老师认真阅读了加德纳的书并多次和有关专家讨论。何老师感觉仅有这套理论并不够，粗略一听觉得很有道理，但是在培养人、在教学上并不一定能取得实效。何老师认为，"这时，我进一步钻研学习理论并与教学实际相结合。"

2004年，何老师到了北京。她有机会到其他系统工作，但因为喜欢教学，所以很坚定地选择了到学校工作，尽管她觉得自己的普通话并不标准。进京后，她先在另一所学校工作了两年，2006年才调入北京市第十九中学。

"当时学校邀请梅汝莉教授作专题报告，介绍多元智能理论。分享时，别人都说好，但我就质疑了这个理论在教学中的有效性问题。因为在杭州时曾和专家讨论过这个问题。我的观点是，多元智能理论在帮助教师多角度地看待学生上有优势，但存在实践操作层面的不足。"

何老师的质疑引起了校长的重视，校长请何老师参与到学校的科研工作中。2009年，何老师被任命为学校教科室主任。对于参与科研并负责全校科研工作，何老师说："我只是爱思考，但还没有科研能力，对怎么做科研也没有系统的认识。幸亏有校长的支持和帮助，几乎是手把手地教，对我完成任务中的很多不尽人意之处，校长就亲自修改。不过，我的学习力还可以，能从每件事中学到些东西，每次都能上个台阶。"

"第一次完成的任务是总结学校3年课改经验。虽然很辛苦，但和校长一起，梳理了学校教育教学的第一手资料，有了以前的写作经验，我知道需要分析资料背后的价值。而第二次完成的任务则是整理学校做的全国积极心理课题，它与多元智能有点类似，理论上有点作用，但在具体的方法策略上就显得比较苍白无力。尽管当时也是在知名教授的指导下做研究，但我觉得从高校或研究所做科研的角度没有问题，可从中小学教育的角度看却起不到多大的作用。不过校长本人的科研能力很强，能把理论和实践结合起来，例如把积极心理学与课程等结合。而解决问题的效果如何，则需要考量且比较困难。在完成这两项任务的过程中，让我学到，有理论指导和没有理论指导实践效果是不一样的。对理论不清楚，下次再做时，有随机性。而理解、认识到了理论的价值，对理论就不仅不会怀疑，而且一定会对行动有所改进。尤其是完成第二项任务对我的影响很大，在深刻地认识到了理论的价值之后，我开始自觉地看理论书，不再像以前那样认为这些书是没有用的，而是觉得一定要多看理论书。"

深思：什么样的问题是真正的核心问题

2015年，北京市海淀区组织骨干教师到美国培训。这一个月的培训对何老师影响很大。"我发现，国外的老师都喜欢学生提问。由于我提的问题老师很感兴趣，说问题深刻，认可度高，所以我们那一组常常被表扬。这一点也让我的自信心大增，由此不再只是被动地听讲。以前我总担心自己读书少，没底气。从这以后，我再发言，基本上会一气呵成。美国教授基本都会认可。"

谈到美国教授的深层影响时，何老师说："首先，美国教授传授教育的理念对我的影响很大；其次，是他讲课时提出的'课堂核心问题'，当时并不理解，我们还争论了很长时间。回国后，用了将近一年的时间我才理解。所谓'课堂核心问题'，是在课堂教学中，教师提出的没有标准答案的问题，这种问题能促使学生有多种想法。如果教师抛出一个问题，而这个问题的答案是单一的，那这个问题就不是核心问题，而是个浅问题；如果抛出一个问题，这个问题学生的理解是不一样的，能引发很多争论，这样的问题才是真正的核心问题。关于'核心问题'的理解，对我来说，是个非常大的收获！其三，是美国培训中对人文的价值观的体验与认识。美国教学的基础教育质量不见得有多高，但教师和学生在课堂上的交流很充分，而且不注重教学进度，推进教学的速度很慢，课后也没有我们对孩子的跟进多，也没有什么辅导。整体感觉美国的教学更开放。"

兴奋：批判性思维是能解决问题的理论

为了帮助、改进认知，何老师所在的学校引进了十多门课程作为校本选修课程。其中，何老师对批判性思维课程很感兴趣，而且至今仍在学习。"当时觉得，这才是能解决问题的理论。"

从美国回来后，何老师感觉对批判性思维的理解较之此前系统了些，就给高一的学生开设了批判性思维课。这促使她深入思考人的认知、人的思维发展究竟是怎么回事？她认为，人的认知、人的思维发展的目的归根结底是为了解决问题，而掌握了正确的信息才能更好地解决问题……

何老师兴奋地说："突然间觉得：教学真的意义很大，教学真的不仅仅是为了教知识，教学是为了解决问题，为了更好地工作和生活。"

当她意识到这些之后，就一直追着批判性思维，每一期的培训她都跟着学，自己理解了，就立即和教学结合起来。"今天知道，明天就在教学中实施。这时就会带着解决问题的想法去思考：带着问题思考教学，思考解决问题的路径……背后有批判性思维理论支撑，而且思路明晰，无论是教学还是写文章，不仅高效而且认可度高。投核心期刊，4篇文章中了3篇。"[1]

---

[1] 2016—2020年，何老师先后发表了5篇论文，其中有3篇发在核心期刊上。《怎样的概念教学才能帮助学生深入理解——从一道期末试题谈起》2016年发表在《生物学通报》第10期《在生物学教学中运用批判性思维工具培养学生的科学思维》2018年发表在《生物学报》第9期；《运用"自我评价"工具构建生物学选择题解题思路模型——以生物学选择题讲评课型设计为例》2020年发表在《生物学通报》第11期。此外，《利用学情分析工具准确把握教学起点》2019年发表在《基础教育论坛》第11期；《"微信学习平台"助推"自主、合作"学习模式》2016年发表在《中学生生物学》第12期。

就这样，在积极地建构式的思考与探索下，何老师撰写的多篇论文被不同级别的期刊录用。谈到基于理论，在课堂中探索应用，并概括提炼写成论文时，何老师认为："问题真实存在，只要解决问题的思路清晰，背后的理论方法清晰，整理分享出来，对别人就会有帮助。而且因为不断积累总结也会越来越深刻。而注重积累才能有可总结的东西。同时，在不断地总结中还会有新的发现，在一定程度上，会和理论趋同。"

结构化2：自身的反思意识是最重要的

在被我问到对研究的认识时，何老师讲了近十年她在对该问题认识上的变化。

"2013年在海淀区教科研会上，我曾经提出几个观点：

1. 中小学教师做科研，跟研究人员做科研是不一样的。

2. 我很朴素地认为，中学里的教研本身就有科研的影子。但需要注意的是，首先教研不等于科研；其次高质量的教研可以等同于科研，而这样的教研要有主题、有方式、有研讨过程、有论证、有结论。

3. 要在实践中做科研，而不是大量地做文献综述。

由此，我认为，中小学教师做科研不能脱离本职工作，否则不一定会有直接影响，因为家长等不起。"

"现在，我对科研的认知发生了变化。我认为，中小学教师做研究有三点。

首先是学习。学习是第一位的。学习才能有好的把握。否则，错误的认知导致错误的行为，导致效果极差，越卖力越糟糕，因为认知很肤浅，停留在表象，只能解决表象问题。在中小学有几类常见的错误方法被老师们反复使用，比如讲道理、批评、煽情。这些方法很无用，老师们却用得很卖力，而且不停地用，结果非常低效。在对人的大脑、对价值观、对思想、对人格等方面的培养上，我们的教育方式是很低效的。只有学习了，才会知道教育大家是怎么看待教育的，才会有启发。例如，看了杜威的著作，就会发现他把你的问题说得很准。如果学习了，判断就不会那么简单粗暴，才有可能看到事物表象背后的本质。

其次是交流。所有的领域背后都是相通的。我认为，货币的价值是一种社会认同行为，认同是创造价值的一个原因。教育中，认同是可以迸发出极好的教育效果的。要想让学生产生兴趣，得让他先认同。或者说，要培养学生的学习兴趣，得先让学生感受到他的价值，感受到他能被认同。教学中，评价要有质量，要是真实的，教师能说清楚学生的哪一点是有价值的，有质量的、具体的评价学生才会认同，才会有兴趣。一旦帮学生找到在学科中的价值，老师就可以放手了。遇到不懂的，他会想办法。教师应该是研究学什么、怎么学方面的专家，而当学生能主动去探求'学什么、怎么学'时，高考根本就不用愁。而且学生一旦在某一个学科总结出了'学什么、怎么学'之后，就能迁移到别的学科。学生思维发展的标志是他会提问，思维活跃的标志是他善于提问。遇到交流，他不会往后退。交流中，观点无论接受与否，都会有收获。同时，让问题得到及时反馈，是非常有价值的。

学习、实践中，个人的观点是不全面的。通过交流，当结论或观点能触动别人，当别人感到'哇，是这样的！'并表示很愿意去用时，则不仅交流的价值不同，而且还是判断研究能否得到认同的依据。其实，交流就是成长的机会。

再次是建设团队。在中学，一个人写东西挺好。但会发现，一个团队大家认知差不多时，写的东西质量会更高。就拿着周二我们结题得了'优'来说吧，我们分工，就是先分块再汇总，各自都有任务，结果只用了一个星期，结题报告就完成了。而且专家评价很高。这是团队素质高的结果。团队成员一起思考，梳理得会更清晰、更全面、更深刻。我先生都感慨，我们教师的素质挺不错！还有个课题在申请，我们一起分析价值、思路、框架，也是一周完成，大家都很认真地做事情，效率很高。团队做科研效果更好。但建设团队不容易。目前我们这个科研团队十年才建成，是在做了几个项目的基础上挑选人员，组建而成的。"

最后，何老师还对中小学教师做研究进行了小结：

"一是价值认同；二是需要理论，但理论不是最重要的，最重要的是自身的反思意识，是不断地完善；三是要一点点地抠，最终能体现出高质量。"

说到第三点，何老师还讲了他们家装修房子的案例。一开始她觉得装修公司设计的方案蛮好，但她先生却深入研究了方案，并在整个过程中根据自家的需要，不断提出解决问题的思路，不断地完善和改进方案，最终房子装出来真的非常不一样，成了装修公司的样板设计。这件事让何老师对研究的精进产生了质的飞跃。由此她认为，研究是不断较真的过程，是尝试着把这个问题解决得更好，是一点一点地抠的过程，这样做，质量是截然不同的。在培养学生的问题意识、提问能力上是一样的。在高中阶段，让学生提出问题很难，但当学生提出问题后，每次都给予反馈，并通过追问、澄清、辨析等方式，引导学生不断反思原来的问题是什么？教师每次都反馈，学生潜移默化地，慢慢地问题意识、包括爱动脑子的学生就冒出来了，而且问题的逻辑性也会渐渐地提高。

何老师认为，如果采取策略时达不到好的效果，需要反思：是不是抓住了事物的核心？教学、生活的问题是一样的。生活上的问题，其实是对问题缺乏本质的认识。对此，何老师认同选择比努力更重要的观点。她说："我从老家到杭州，有机会到金融系统工作，但没去；从杭州到北京，仍有机会到金融行业去工作，但也没去。专业很重要，否则没有竞争力。很多决策能准确判断，是因为看到了事情背后的根本的东西。但有的老师在教学上、在生活上却没看透。"对此，何老师认为，帮助中小学教师看透本质的关键是坚持学习、反思、精进。

第 5 章 来自学生的触发

教育作为一个系统，学生是最核心的要素，没有学生的学，也就不存在教师的教。学生的发展是教育的方向，学生的成长是教学的目标，学生的反馈是教师调控的依据。但令人遗憾的是，就现状而言，有些教师对此缺乏深刻洞见，在日常教育教学中尚未自觉挖掘并积极利用学生学的资源，常常陷入一厢情愿的藩篱，在自己的认知圈里行动，以自己的理解去框定学生，以自己的思维方式去限定学生。正因如此，一部分尊重学生感受的老师，在教育的田野里脱颖而出。因为他们都很重视对学生学习方法的挖掘与推广，都重视倾听学生的学习感受与反馈，也都重视追问学生的人生发展和命运。

在我心中，学生也是我的老师，我常从他们身上汲取智慧和力量。记得三十多年前，我刚刚参加工作，在郑州第四国棉厂子弟小学做体育教师，刚开始教的是三年级和学前班。在给学生尤其是给学前班的小娃娃上课时，每天都能感受到他们的进步和成长。起初，我只是很投入、很开心地和小朋友们一起玩耍、一起游戏。看着他们一天天长高、一天天进步，我忍不住问自己：你能像他们一样每天都成长、每天都进步吗？我知道，生理的成长达到成熟之后就会逐渐衰老。但智慧的成长却不遵从这样的规律。从那时起，我没有一天停止过学习，因为我知道——学习可以让我一直成长、一直进步！就像所有的小学生一样，能清楚地看到成长和进步。所以从内心来说，我觉得自己一直都是小学生，是对很多事充满好奇，对很多人满怀热情，对未来有无限向往的小学生。这就是我从学前班的小娃娃身上学到的成长秘籍。

在访谈的16位教师中，有4位教师非常鲜明地表达了，他们是从自己的学生那里获得了走上研究道路的契机。相信在我们周围，一定还有很多像他们一样的教师。比如，上游学校的乔红霞老师，她每天都会听小助手（所教班级每个班各6名）的反馈。小助手不仅要反馈他们自己的学习感受，还要反馈小组成员的学习情况，更要反馈教师的教学问题。乔老师用这种方法，让自己全面、深入、细致地反思并调控自己的教学。我想，乔老师之所以多年来能始终深受学习敬爱，始终能创造出优异的学业质量，和她始终能尊重学生的感受、倾听学生的心声、重视学生的反馈密不可分。衷心希望：优秀老师从学生那里获得教育资源与动能的秘籍能被更多中小学教师重视、掌握并创造性地应用。

第1节　受学得不拼但成绩特好的学生启发，走上研究阅读路

全国优秀教师丁保先是我的老同事。她是本书中第2位被我第二次访谈的教师。和宋君一样，对丁老师的首次访谈，也是在2015年我写博士论文期间。

亲爱的读者朋友，您若想了解丁老师的阅读教学和她的课堂，欢迎看我的著作《小学教师课堂教学艺术生成策略研究》。书中，关于"身心投入，研究阅读——助她成为全国优秀教师"的内容，就是对她进行的课堂观察及课后访谈。①

本次访谈历经整整100分钟。若不是因我临时有事，估计畅聊还将持续。每次和丁老师聊，都会觉得时间过得飞快。如果说丁老师的课堂具有节奏快、信息量大、肢体语言丰富、张力十足等特点，那么和她聊天，也能深切感受到她思维的敏捷性、跳跃性和穿透力。

契机：缘于26年前双胞胎姐妹的故事

当我询问什么时间、因为什么契机走上研究道路时，丁老师想了想，说：

"26年前（1996年），我接了四年级，当时班上有一对双胞胎姐妹，她们的妈妈从事优生优育工作，爸爸是化学研究所的科研人员。那时咱黄三小的生源不如现在好，所以印象特别深刻。双胞胎姐妹结婚时，她们的妈妈还找到纬五一（丁老师从黄河路三小交流到了纬五路一小），邀请我参加孩子们的婚礼。"

---

① 刘历红. 小学教师课堂教学艺术生成策略研究 [M]. 北京：中国社会科学出版社，2019: 152-173.

"当时，她俩引起我的注意，是因为她们学得不拼但成绩特别好。经过观察和交流，我发现她们经常拿家里的报纸和杂志看。也就是说，她们的业余时间在看课本外的很多东西。这让我想起我的父亲和姐姐，他们也都是老师，教学中他们也总是让孩子们多看书。于是，我就请班里的学生把自己家里的报纸、杂志拿到班里看，慢慢地，孩子们养成了习惯。上语文课之前，我就安排他们轮流读自己剪贴下来的小文章。"

"那个阶段没有固定读物，只是碎片阅读，统计阅读量的方式也相对简单，家长的签字也只是小纸片。结果，没费多大的劲儿，考中学（那时，小升初是要考试）孩子们考得都很好。这让我认识到，语文学科的主战场并不在课本上，而是在阅读上。"

推进1：从读报纸、读期刊到读整本书

"潘英老师（郑州金水区教科室原主任）在做培训时，推荐了一本书——苏霍姆林斯基的《给教师的建议》。我反复阅读了这本书，收获很大，特别是书中关于课外阅读的章节让我顿悟：让孩子变聪明的方法不是补课，不是增加作业量，而是阅读、阅读、再阅读。从读报纸到读杂志再到读整本书，牢记"阅读、阅读、再阅读"，就是让学生读。读着读着，就有了思考；读着读着，渐渐就有了层次，有了阶梯，最后就系统化了。"

"读整本书，刚开始全班共同读时，主要是学生分享，自由阅读时先有量的要求，与之配合的是家长的签字。家长们很支持，他们给每个孩子买了1个小本子，这是1998年，也就是24年前的事了。签字的内容，有统一要求：什么时间到什么时间，读了什么书，阅读的主要内容能不能讲给家长听，等等。比如，本周从几日到几日，读了什么书，可否口述下来，大概多少万字。每周这个签字本都会收上来进行批阅、评比。"

"因为有量的限制，就带来新的困惑，家长们认为读得快，忘得也快。但其实不是这样的。1999年，我新接手的五年级，买了4套速读速记书，主要是解决速度与吸收的问题。结果证明：速度与吸收成正比，而不是读得快、忘得快。从

中，我得出结论：小学生阅读量永远重于质。所以，对阅读量我就提出了更高的要求。每周不少于15万字，两年后即毕业前统计发现，有的学生阅读量高达几千万字。后来，我把教材全都舍弃了，前3个月讲课外阅读，最后1个月讲课本。当时，区里有配套的练习册、单元卷子，我们几乎不怎么做，老师很轻松，学生不用每天刷题，成绩却很好。当然，学校给的空间很大，那时候只要你努力做事，学校领导就很支持。我想，如果在别的学校不一定能这样进行探索。我作为一线教师，既不跟着学校的进度走，也不随着区里的节奏走，在任何学校，都不一定能像黄三小那几届的领导那样，能给我探索研究阅读教学如此大的空间，所以我很感谢学校的领导！"

"到2001年新课改，我们越来越发现课外阅读的重要性，在小学阶段投入不多，但学生到了初中、高中却后劲十足！有个孩子学美术，高三几乎没上，高考后他给我写信说，'我裸考，语文考了130多分，只是高考前刷了3套卷子'。"

推进2：从整本书阅读逐步到专题阅读

"课外阅读没有教参，没有大纲。但教师的心里要有大纲，要教什么，怎么教，都要教师把握，这对教师提出了更高的要求。随着阅读教学探索的深入，从这个阶段起，阅读教学开始分专题了。比如，母亲节读关于母亲的文章，学生搜集有关写母亲的文章，教师整合，选出适合的，让学生打印出来，汇编成一本书，作为母亲节送给母亲最好的礼物，让孩子们写序言，学生分类学习，这样训练就有了方向。"

"就这样，又走了几年。"

"之后又接了一届，是从4个班分出的1个班，也就是，每个班把学生分成5拨，我从每个班里各抽1拨，组成一个新班。当然，每拨学生的成绩和男女比例都差不多。这批学生是从三年级开始带的，以前我基本都是从五年级接班，这次提前了两年。当时，搭班老师配的都超级厉害，数学是郭秀敏，英语是付晓慧，咱学校花梅秀老师的儿子就在这个班，这批孩子后来发展的也特别好，上人大、复旦、浙大的都有。"

"这届学生带了4年，4年的大目标是什么？每学期的小目标又是什么？如何有计划地训练完成？这个阶段已经有了完整的训练步骤。于是，就开始了阅读专题研究。那时，沈石溪的作品挺好的。我们从他的小短篇《斑羚飞度》到长篇《鸟奴》《狼王梦》，开启了动物小说专题阅读。《动物庄园》《野性的呼唤》《西顿动物故事集》《狼图腾》……批注、读后感、对比阅读……进行'整合的有序'阅读训练。当时，曹文轩的作品也受到欢迎，我们共读他的著作《草房子》。方法有分析、续写、文字转换、绘本、写读后感，等等。在金水区的大型观摩公开课上，我曾经执教《青铜葵花》的整本书阅读之续写。续写难度很大，但学生表现令人震惊！"

推进3：阅读从重读和写到重思维训练

"起初读是泛泛的，后来是有目的、有训练点的读，读着读着，越来就越清楚该怎么更好地读了。从《水浒传》《西游记》《呼兰河传》《爱的教育》《如何学习》……到了六年级下学期逐步收拢，如单篇阅读《哈佛家训》，重在章法训练。这让我彻底明白，学习过程由低到高的梯度应有意识地训练。这样又走了几年，在阅读探索的过程中，从重视读写的训练到重视对逻辑思维的训练，是因为我越来越发现，孩子如果没有独立思考能力、没有思辨能力，会影响未来的发展。"

"阅读教学，一旦喜欢上了，一旦爱上阅读，就会不断地在这个点上深挖穷究，训练的点更多，思维训练更深，层次更明，尤其是故事类书，会夜不能寐，如果没有思维训练，只是一味读，等于没读。"

"从退休前开始，最近这八九年我着力训练孩子的思维能力，上课让孩子觉得烧脑（高强度用脑），有意识地训练他们的思辨能力、概括能力。现在，我觉得是越走越窄，点越来越精，越来越深，而这些训练来自孩子的需求，能为孩子将来的发展服务。"

"退休后这六七年，时间更充足，边教边学，更多关注国内外最前瞻的关于阅读教学的研究。例如把思维导图用在阅读中训练思维。教学相长，我也读了好多书，《阅读的力量》《美国阅读技能训练》《深度思维》《深度阅读》《批判性思维工具》《阅读整理学》《如何学习》……对不同文体的阅读教学也开始涉足研究。"

"教学是个良心活，只有爱她，才能做进去。老师的作用就是让孩子从地上到凳子上，从凳子上再到桌子上，而老师就是'敲边鼓'性的引导。"

推进4：站在孩子终身发展立场上

"只要想干，就会想办法去做。我一直在想，什么样的投入能让孩子的利益最大化？所谓孩子的利益最大化，就是着眼于孩子的终身发展而不仅仅是眼前的利益。当我们设身处地，作为一个母亲、一个老师，为孩子将来的发展着想时，才能抓住教育的根本，否则就会偏离教育的根本。"

"身体是革命的本钱。数年来，我要求学生，每天利用课余时间，坚持跑步、跳绳……定时测评，逐步提高。跳绳每分钟男生200次，女生180次，还通过跳绳练耐力，3分钟跳绳，男生560次，女士540次……解决孩子体质弱、不能吃苦等问题。英语每天诵读15分钟，讲读5分钟。让孩子打扫自己的房间，拍照上传……当你真心为孩子着想时，孩子的方方面面你都会考虑，而不单纯是教知识。"

"就是因为站在孩子终身发展的立场上，抓住做人的规律，才能做好教育，才能做好阅读。二十多年来，我一直这样做。"

推进5：终身阅读者必然是终身学习者

"阅读是让孩子学会思考而不仅仅是知识的积累、信息的获取。例如，读《西游记》时，我们会分析：天庭为什么第一次发现孙悟空却置之不理？分析孙悟空第一次被唐僧赶走的原因，西天取经的原因。为何唐僧能成为领导的核心？再如，读《水浒传》，首先，为了更深层次了解宋江，我们习作设置了'我做了一个梦'，让孩子想象：梦中，你将幻化为谁与宋江对话？对话中，你发现宋江的愿景是什么？终极目标是什么？引导学生用辩证思维认识宋江善恶的两面性。其次，引导学生思考宋江无力、无德、无才，为何能成为梁山第二代领导人？其三，如果我是杨志或者林冲……其四，从小人物身上，我读出了什么？"

"阅读需要不断地学习，不断地反思，不断地生成，从而达到不断地升华。我想，通过阅读教学，就是要培养一个个终身的阅读者，而终身的阅读者必然是终身的学习者。"

历红感悟1：研究阅读教师须是阅读者

无论是和丁老师聊天还是听她的课，强烈的感觉是她对自己说到的书都如数家珍。二十多年前，《郑州晚报》曾刊登过丁老师给小学生推荐的书目。那时我们也曾聊过书目，丁老师说她给孩子们讲的书她都要反复看、反复听，找不同的"点"。如果自己没有对文本了如指掌、烂熟于心，没有深入研读，就没办法把握住训练的要点，因此也就根本接不住孩子抛出的"球"，阅读效果就会打折扣。

对此，我深以为然。当学习突破了课本，走向课外阅读时，学习就由相对的封闭走向了全面的开放。孩子的生活、学习经验不同，阅读的兴趣点、困惑点也必然有差异，因而他们向教师提出的问题也许会大相径庭，如果教师没有研读过孩子阅读的书，别说指导孩子，或许和孩子对话都难免要出问题。所以，若要进行阅读教学，教师首先须是阅读者。这一点恰恰可以回应社会上出现的一种观点，大致意思是说，教书的教师不读书，充其量也就只是个课本知识的搬运工。我想，这样的搬运工，随着信息技术的提速，或许会被新时代的车轮抛下，被会学习、有情绪管理能力、能始终传递给学生正能量的AI智能机器人所取代。

历红感悟2：让眼前与长远收益看得见

1997年我调到黄河路三小，和丁老师成为同事。我觉得，她是个爆发力很强的人。有时，甚至会给周围的人带来一种压迫感。丁老师是一个个性十足的人。不过，家长们很买她的账，孩子们很认可她。为什么？

我想，主要是她的教学收益尤其是阅读效果清晰可见，无论是当下的还是长远的。

1997—1999年，我和丁老师搭班，从五年级起，教他们这届4个班学生的体育。即使1998年我当了学校大队辅导员，依然兼任4个班体育课的教学。那个学年，学校有一个推荐郑州市优秀班主任的名额，学校推荐了丁老师。此前，我们被称为"金水区第三世界"的黄河路三小，老师们几乎没有获得过什么荣誉，毕竟很多评比是差额评选的。报送材料时，我带着丁老师班的5个学生的作文到了区里。我给负责这项工作的金水区总辅导员陈亚玲老师提了个问题："您觉得，小学六年级的学生写作文一般写几页？"陈老师不知道我是什么意思，她看着我，想了想说"一般两三页，多了五六页吧。"我没有回答，而是从包里掏出了厚厚的一摞学生的作文，每个学生的文章都有十多页，用的是绿格子的作文纸。我说，"我们学校的丁保先老师一直研究阅读教学，她引导孩子们深入了解自己的妈妈，这是她让孩子给自己的妈妈写的传记。我只是随机拿了几个孩子的文章。我教这个年级的体育，我觉得，这个班的孩子很不一样……"

丁老师顺利地评上了郑州市优秀班主任。据说，这是她获得的第一个区级以上的荣誉。

孩子们给妈妈写的传记，我看过，丁老师设计了一系列的问题，让孩子采访自己的妈妈：妈妈的生日，穿的鞋子的尺码，最喜欢的颜色，最激动的故事，最心酸的往事，最向往的……孩子的确是在完成老师布置的作业，模仿着写传记，而这项作业架起了孩子和妈妈深度沟通的桥梁。我想，每一个被访谈的妈妈在这个过程中都能感受到丁老师的良苦用心。所以家长们对丁老师的很多想法都积极支持，甚至超出预期。

送走了这届学生,我参加了丁老师新接的班的家长会。会议是由班里的孩子主持的,第一项是上一届学生的家长代表分享感悟。作为已经小学毕业的孩子的妈妈,那位家长娓娓道来,把孩子的变化、家长应怎样配合阅读教学等,说得细致而入心。坐得满满一个教室的家长们听得频频点头,有些家长还认真地做着记录。轮到丁老师讲话时,她的几句话可谓振聋发聩,她说:"作为家长,无论你的事业多么成功,如果你的孩子不成器,那你们家就有个无底洞……为你养老送终的是你的孩子,所以三十年前看父敬子,三十年后才看子敬父……"

如果说孩子的读书状态清晰可见,如果说孩子的好成绩有目共睹,如果说家长的配合令人艳羡,而这些都是当下的、眼前的成效的话,那么丁老师在阅读方面的很多解析就显得颇不寻常。

亲爱的读者朋友,不知您是否读过《水浒传》?如果读过的话,您会选择哪个人物进行解读?

如果您恰巧是位小学教师,当您带着孩子整本书阅读《水浒传》时,您会引导孩子关注书里的哪些人?您希望从这些被关注的人身上传递给学生哪些为人处世之道?

丁老师曾经带着孩子们分析了书中一个很不起眼的人物,何九叔。他把武大郎的尸骨和西门庆让他"闭嘴"的十两贿赂他的银子收了起来,默默地,直到武松找到了他,他才拿出了能证明武大郎是被毒死的直接证据。课堂上,丁老师带着全班共同研读、分析何九叔,从小人物身上汲取智慧。不仅如此,由此引申开来,丁老师还让孩子们观察身边普普通通的人,如靠自己勤劳的双手、每天乐呵呵卖煮玉米的阿姨,她供养着两个上学的孩子,孩子后来都考上了大学……丁老师认为,虽然历史是人民创造的,但是能被历史记住的人毕竟是极少数,所以引导孩子有颗平常心,能身心健康地生活,能在普普通通的日子里,做好自己要做的事,就是真的教育。所以她曾经非常自豪对我说:"我教过的孩子,没有自杀的,没有坐监的。"

历红感悟3：如何能得到丁老师的真传

第一，自己成为阅读者。丁老师研究阅读，自己首先是个读者，很多书她都读过不止一遍，比如《水浒传》，她不仅看了很多遍，而且还研究专家、学者是如何研读的？他们各自观点的异同，以及和自己教学中的发现的异同，等等。如果教师仅仅是把书推荐给了孩子，但自己却没有读过，没有深入分析、没有深入研究、没有自己的判断的话，那孩子要么仅仅是读了故事或者只能凭自己的悟性去汲取，所以当读书的训练点、层次性和思维发展性缺失了，教师的指导乏力了，孩子与家长配合的力度就会因为耗时多、阅读效果差而产生抱怨，自然难以持续配合。

第二，自己成为研究者。丁老师让孩子们读书不是放手不管而是全班聚焦，共同研读，深入讲评。我曾经看过丁老师的教案，最前面的是接手一个班后两三年的整体规划、总体目标，然后是每一年的目标、每一个学期的目标，以及单元和课时的目标。在不同的年级，要解决哪些问题？阅读什么书？针对性训练什么？如何达成既定目标？都有系统思考和统筹设计。在目标推进过程中，她很善于从孩子的发展出发去设计活动。比如，让家长和孩子共读一本书，让孩子读书后给家长口述，等等，这种刻意的输出训练，既锻炼了孩子的记忆力、表达力，无形中还架起了家长和孩子沟通的桥梁，很多家长头疼的孩子不愿意和他们沟通的问题，通过和孩子一起读书、孩子讲书、共同分析书的方式，得到了有效的解决。

因为她是阅读者，是研究者，所以这些年来，她带了一届又一届学生，而阅读教学一直在她孜孜不倦的追求下，日益精进。她的课堂容量之大听起课来别说不会打瞌睡，稍一分心就会掉队。她个性很强，正如她所言，她的确厉害甚至霸道。但是她班上的孩子对她又爱又怕，她班上的孩子总是跟别的班不一样，打扫卫生、站队、做操，给人的感觉都是"很规矩""很精神"。上中学后，在众多学生中，她班上的孩子一下子就能被认出来。

历红感悟4：望阅读教学抵达"玄"的境界

记得2006年，《教育时报》曾以"丁保先现象"为题召开研讨会。当时，我从《西游记》中"悟"的层次，分析了丁保先老师阅读教学所处的层次。

我认为，中国是个讲究"悟"的国度。一部《西游记》阐释了东方文化对"悟"的理解和创造性应用。"悟净""悟能""悟空"和"玄奘"，构成了"悟"的体系，"净、能、空、玄"，隐含着悟的层次，即要做成任何事，都需要经历六根清净、专心致志的、"净"的阶段，由此进入具有能力、成为能手的、"能"的阶段，之后才能到达火眼金睛、透过现象直抵本质的、"空"的阶段，但最终唯有掌握事物在宇宙中运动的规律才能抵达"玄"的境界。

我认为，丁老师"悟"的层次处在"空"的阶段。所以要想学习丁保先老师的阅读方法，成为她的衣钵传人，达到她的阅读效果，需要经历"净"及"能"的阶段后，才有可能达到她所处的"空"的阶段。

为此，一是要专心，专注于阅读教学，做到六根清净。二是要坚持阅读，并不断总结、反思、修正，并能根据学生的反馈，及时调整，不断精进阅读策略，谋求更好的效果，实现孩子学得不拼但成绩还特好的当下的学习效果，也就是接手一个班后，很快孩子就能普遍提高成绩，赢得好分数。三是要明白，丁老师是经过多年的持续探索和积淀才让自己的阅读教学迈上了"空"的阶段，所以她能看透教学现象，把握教学本质，不再局限于传授教材知识，而是根据学生终身发展的需要，全方位、用心的培养人，既能让孩子在小学学得特别好，又能让孩子初高中有后劲，还能让孩子走向大学及迈入社会后具备很高的素养。因此学习她的阅读教学，如果没有经历"净"和"能"阶段，想一下子就达到"空"的境界，是不现实的。在很大程度上，家长和孩子服气丁老师，是因为在丁老师这儿，似乎达成了应试教育和素质教育之间和谐共生的平衡，眼前的成绩和未来的发展，在阅读教学或者丁老师的班里一并实现了。她退休后，注册了培训机构，在规范管理下，为很多家长提供着教学服务，助力孩子更好成长。

我想，丁老师的阅读教学，不是一蹴而就的，而是一点一点、一步一步缓慢推进的。在这个过程中，她自己专注于阅读，不断地总结、修正、完善，不断将之向深处推进。当然，也正如丁老师对自己的评价，她的确很"懒"，她没有系统地梳理过自己的研究过程、未能提炼出自己的阅读方法，所以尽管她的研究成果在金水区、郑州市乃至河南省有很大的影响力，但因为没能形成系统、专门的知识，所以尚难以覆盖到更远的地方。因此，虽然她已处"空"的阶段，但尚未达到"玄"的境界。我认为，她的阅读研究的实践成果，早已蕴含着跨向"玄"的可能。若她能梳理出几十年来研究中所发现的阅读教学的规律，不仅将走进"玄"的天地，而且其研究成果将超越时空，影响更多继承者，让更多的孩子获益。我特别期望，有人能协助丁老师深度挖掘她的阅读宝藏，让她多年来的探索在更大范围内发挥影响力，彰显出更大的实践与学术的引领价值。

丁老师的研究故事和发展经历带给我很多感慨，恰如吉姆·柯林斯在《从优秀到卓越》中所讲的，"优秀是卓越"的大敌。我认为，作为教师，要想让教学达到炉火纯青、启迪生命的境界，或者说要达到教学艺术的高度，就不仅需要几十年如一日的坚持实践、学习、反思、追问，还需要自我磨砺、坚持修习，坚持研读古今中外先贤智者的著作，穿越时空，与之对话，向其请教，并能结合自己的实践经验，验证百家理论，才有可能生成理论、发展理论。若如此，定能在课堂的田野上扎根、开花、结果，超越"空"的层次迈向"玄"的境界，终成一代教育家。就如孔子一样，虽肉体离世两千多载，但只要人类存在，他的思想、他的精神就会超越时空，影响后来人。

我想，当教师的视野足够深邃，当教师的追求足够深远，或许就能像胡塞尔那样，"在一片新大陆的无径可寻的荒野中真正游荡着并拓植着一片片处女地"。那时，不仅对待所有的学生会爱得更深远、教得更智慧，想必也能跨越一道道专业成长的阶梯，攀登上学术研究的阶梯，抵达教学艺术的巅峰，超越时空，历久弥坚。

第2节　在探索助力学生长远发展中走上研究道路

兀晓燕是青海师范大学附属实验中学的高中英语教师。2019年她曾在上游学校上过示范课并作过报告，对上游学校高中英语的发展产生过新思考、新促动。兀老师的课和她主动变革高中英语教学的探索给我留下了深刻印象，因此就主动联系她，提出访谈想法。她是起初觉得自己没做过研究的3位教师之一。不过，当她听完我对研究的界定后，欣然同意接受访谈，成为第12位接受访谈的教师。作为高三教师，面临高考，直到考试前夕，学生进入考前准备后，访谈才得以进行。

请亲爱的读者，看到本篇的题目，相信您或许会产生下面的一系列疑问：

兀老师为什么会产生助力学生长远发展的念头？有哪些诱因？

在助力学生长远发展的道路上，她做了哪些探索？是怎么做的？

探索的效果如何？

她的探索是否能被更多的同行认同？若能认同，她的做法能复制或直接借鉴吗？

让我们带着问题，走近兀老师走上研究道路的故事，看看她的探索能否有不一样的启发。

在被我问起"如何走上研究道路"时，兀老师说："真正的理论研究做得少，但对课堂、对英语教学中每一个模块的思考多。"她还说："对英语教学的思考与探索并不是一个事件导致的，而是有挺多个事件促成的。"

1996年，兀老师毕业于青海师范大学。她回忆道："毕业前，同学和我在某企业中学试讲，当时是让讲课文，我们俩都是用英语讲的。没想到，我们居然是这所学校首次用全英授课的人。听课的老师反馈，他们没想到我们可以全英语授课。"兀老师进入这所学校工作后，没有师父带，基本是靠自己摸索着提高教学能力的。一位副校长曾打趣说，这种方式是"在一个坑里往上爬"。

在该中学任教7年后，兀老师于2003年调入青海师大附中。也就是在这一年，兀老师曾教过但已毕业且正在读大学的学生给她打电话……这是促使兀老师走上研究道路的第一个刺激……

刺激1：学生反馈，中学背单词方法差

"到了大学要参加四六级或托福、雅思考试，觉得中学背单词的方法非常费劲！而机构有些老师能让学生很快就背会单词，有些方法真的很好。"兀老师说，还有学生反馈，在大学用高中的学法上英语专业课时，感到过渡困难。学生的反馈让兀老师开始反思自己的教学方法，同时也有些不服气。

"以前，背单词基本上都是逼迫的方式。课上让学生跟着读，通过不停地听写逼着学生背。课后让家长督促，完不成任务，就叫到办公室……听了学生的反馈，我就想，别人能教得让学生记单词轻松，我为什么不能？"

自此，"能不能不用传统的方法教"成为兀老师挥之不去的疑问。

前奏：在职读硕，相关课程催生新思考

2004年，兀老师考上了西安外国语大学的研究生，在职攻读英语语言文学硕士。其间，"文本解读""语用学""翻译"3门课带给兀老师特别大的启发，为她萦绕在心头的疑问找到了答案。

"'文本解读'课让我对英语教学应该从什么角度去教有了新的认识。英语学习是要让学生明白：每个词、每个短语、每个句子不是孤立的，应该在语境中去理解、学习及运用。单独背单词不应该成为高中英语单词记忆和学习的主要方法，而应是以文本为基础，在篇章生成的基础上，从结构即谋篇布局的角度，知道该怎么表达观点，怎样进一步论证观点，在了解篇章构成的基础上，再琢磨词怎么用。简单地说，应该像教语文那样教英语，孩子想要了解英文意思，途径很

多，而不该只是背单词。这时，我产生了新思考，是不是高中英语应该这样去教？思考后，我想，课堂中的课文应这样教，例如在考试中，阅读理解、完形、7选5都是篇章的形式，我以前给学生解答阅读理解的方法就是'来，同学们，第59题看第2段，答案是第几句话？'但关键是学生不知道第59题的答案在第2段。所以得在先分析篇章的基础上让学生明白59题的答案在第2段，而怎么让学生找到这个点则是需要研究的。研究生课程中的Discourse Analysis这门课让我开始分析文本，那还是2004年前后，当时我还不知道这就是今天英语教学中备受推崇的'文本解读'。"

"有了Discourse Analysis这门课的基础，在'语用学'这门课的学习中，我又想到，语用学对高中阶段英语学习的作用在于让老师们意识到，语言是在语境中才能产生意思，而不是独立的教单词。词汇不是独立的，或者说独立的单词在一定程度上是没有意义的。因此，学习单词不能脱离必要的语境。但以前我教单词是脱离语境的，因此学生回忆起来、记起来都不容易，即使记住了，也不会用。同时，使用地道的语言时，单纯背单词的方法还会误导学生。这时我就思考：重要的词是不是应该提供语境以方便学生去用？"于是，兀老师开始用每单元重要的单词编故事，这样就将单词放在了一个语境中，但这一阶段还在摸索学习阶段，而且每次只能用5个左右的单词编很短的故事。

"上'翻译'课时，我特别期待。上课时想着：词、句子怎么翻译？结果老师上课时却说：'词、句子是没法教你的，那是你积累的。'当时我就蒙了——不教这，你教啥？而老师恰恰是从文本解读教起的，也就是从结构、语用学、从东西方文化的差异、从英语母语的逻辑思考开始，之后才翻译。这让我很诧异！为了翻译好，需要听泛读，需要学语用学，等等。"

兀老师的硕士学习因第二门外语——德语——需要自学，加之带毕业班、孩子年幼等多种原因，历经7年，直到2011年才毕业。回忆在职读硕的经历对提升专业能力并促使自己深入思考教学改革时，她说，"'文本解读''语用学'尤其是'翻译'这3门课，带给我特别大的启发，让我明白了，英语教学必须考虑篇章的结构。以前，虽然在教学中也会涉及，但不深入，只是简单分析文章有几部分，之后就开始抓单词和句子了。"这些思考，为兀老师自主进行教学改革奠定了思想认识上的基础和专业能力上的支撑。其实，当时兀老师所思考及使用方法的已经是目前英语教学改革中"语篇分析"的方法，只不过那时她自己并未意识到而已。

刺激2：孩子学字，调整学法后的感悟

2006年，兀老师的孩子该上小学了。有朋友告诉她，孩子入学前最好先教会孩子认几百个汉字；还有朋友说，她就是每天晚上教孩子认5~7个字的，同时还要让孩子知道字的意思。兀老师想，自家孩子从一两岁起，就坚持给讲故事，而且孩子对喜欢的故事能听上百遍，早就会背了。考虑到这些，兀老师就开始每天教孩子5个字，但孩子根本记不住。一周下来，兀老师很担心孩子厌学。

反思后，兀老师调整了教孩子认字的方式。将孤立地教孩子识字的方法，改为选择孩子特别喜欢的故事，一个字一个字地指着读，读完故事后再认字。结果发现，孩子一下子就认识了很多字，仅仅用了一个月的时间，孩子突然就记住了几百个字，一下子就过了识字的槛。

孩子学汉字的事让兀老师突然联想到学生学英语。"学生学英语和五六岁的孩子学汉字是不是一样困难？孤立的学汉字或记单词，不仅记不住，而且一点乐趣都没有……所以，单词教学得有个大动作，得改进一下，才能让学生尽量少遭受学单词的煎熬。"由此，兀老师意识到阅读在英语学习中的重要性，在此后的教学中，她大力整合教材，通过各种阅读，如英文报刊、小说片段、散文甚至歌词等途径增加学生的阅读量。有时候，遇到语言和教育意义都很好的文章时，还大胆替代课本的内容。

这促使兀老师开始自主改革，主要是单词（通过编写故事、故事续写等形式）与阅读（文本解读）方面的改革。

刺激3：学生反馈，高中学法有负作用

一个高一时英语才考80多分的学生，在兀老师指导下，花了很多工夫背演

讲材料，高考时英语考了128分。这个孩子很认可兀老师的教法。因为选择出国，他要考托福……他告诉兀老师，高中阶段英语学习的方法他感到和雅思、托福脱节比较大，尤其是作文，高中老师教的方法不仅用不上而且常感到很突兀，就像一个人安装了假肢一样。这位学生的话让兀老师很不服气，同时，也让她陷入反思。

"听了学生的反馈，我就想，要接触一下雅思和托福考试，深入了解雅思的写作要求，看看到底该怎样才能上好写作课？"

这个刺激成为引发兀老师改革英语写作课的直接原因。

研修：赴英研修3个月，写作水平跃升

2015年，兀老师到英国里丁大学短期研修3个月。"在那里碰到一个特别好的老师"，兀老师说，"这位老师是从篇章生成角度教学的。尤其在英语语言的逻辑上，以前我一直以为英语是个非常琐碎的语言，但这种理解是错误的。英语其实是逻辑性非常强的语言。老师每天让我们写小短文，写好后交上去让他改。他看着我写的东西经常哈哈大笑，这让我很尴尬。但他会指导……"

"当时，班里有非常多的写作任务，比如写反思、写设计，要求每个组交一份，我承担了我们组内写的任务，特别是在实习过程中，每天都要有个学生演讲一次。演讲时，要对着外国的师生发表演说。这项任务大家都不太想承担，因为没人愿意写，最后我主动承担下来。其实，每次写都很费工夫，常常是逐字逐句地改，差不多每天都要改到夜里两三点，除了确定没有语法错误并尽量用地道的英语表达，我主要是在演讲稿中添加西方文化的幽默，因为西方人很重视幽默。在这样的思考和努力下，现场演说时，即使难免还有问题，但效果挺好的，英国的老师们常笑得前仰后合。也就是从那天开始，我意识到自己的写作水平针对性地上了一个台阶。因为学习外语，语言之外，幽默更难。"

"毕业时有个晚会，要写主持词和剧本，主要是演给接待我们的家庭和教我们的老师。这次，我又把主持词和剧本写了……定稿后，觉得也挺好的。"

兀老师回忆起在英国3个月的学习，感到收获很大，尤其是觉得自己的写作

水平突飞猛进。但有个问题困扰着她——不知道用什么方法把写作的感悟给孩子讲清楚。

全面变革：用最少的时间高效地学英语

兀老师反思自己与周围的写作教学发现，主要的方法就是让学生背。她觉得，老师们常常认为，背完了，学生就会了。但学生却说，即使会背了，但考试中一句都用不上。当很多学生都有这样的反馈时，兀老师认为，写作教学肯定是出了问题。再加上已经毕业的学生的反馈，兀老师感到自己高中英语写作教学的问题很大！

那时，青海师范大学附属实验中学已经开始接触雅思，兀老师主动介入，她开始做雅思题。其中有位加拿大籍的教写作和论文的教师，兀老师认为这位老师是非同一般的专家，他和一般的外教不同，请教他时，他能从结构、逻辑性、文化上进行指导和帮助。

兀老师把自己在英国学习时的思考、初学雅思的体会与渴望解决写作教学低效的问题结合起来，迫切地想找到解决办法。她自己参加雅思考试，期望全面、深入地了解雅思的教学与测试体系，并将之与高中英语教学联系起来，持续地思考该如何改进高中英语写作课的教学。在参加雅思考试的过程中，兀老师认真备考尤其是写作，就这样，用了一年左右的时间，她突然知道自己高中英语写作教学中的问题出在哪了。

从2019年开始，兀老师在自己任教的新高一全面进行英语教学改革。在教学上，她落实自己对英语的理解，从理念上，想让学生"用最少的时间，最有效地去学英语"。她对学生提出的要求是：在课堂上高效地学，每天只要认真地学上1个小时，赢得高考没有问题。而这1小时是指课堂的40分钟和课后的作业20分钟，兀老师认为，学英语应该具备英语的思维，而不是出了学校就没用了，让学生做无用功。兀老师带这届学生3年的同时，还承担着学校的教务管理工作，工作庞杂而繁重，所以课后她几乎没时间找学生。访谈时，兀老师说："尽管还不知道高考成绩，但从模考看，整体成绩不错。而从付出上看，学生们说英语作业仅仅是别的学科的 $\frac{1}{4}$，尤其是课外投入的时间非常少。"兀老师还说："现在，几乎没有听写，而是把语言放在情境中学。另外，说实话，提升学生英语学习兴趣并教会学生学英语是很重要的，毕竟语言的学习到最后是学会的，而不是教会的。"

"我不喜欢行政工作，对教学工作很热爱，觉得上讲台很幸福。"兀老师期望下一步能更多接触学生，从学生那里了解情况，总结、反思、提炼，想方设法让课堂更加高效。为此，她去听语文课，主要是"看语文老师是如何讲课文的，用讲语文课的方式去讲英语"。

追问1：怎样用讲语文的方式去讲英语

当我追问兀老师，究竟是怎样用讲语文的方式讲英语时，兀老师说："主要是文本解读，重在分析文本结构。用语文的方式去教，就是词、句只是工具，而重点是从篇章生成的角度去想，主题是什么？主要想表达什么？作者是通过什么样的方式把观点说清楚的？这同时也是在教学生英语写作。"

追问2：怎样理解研究的概念及其内涵

"关于研究这一块觉得特别弱。很多东西都是来自自己的体验与实践，但很难表达得很清楚。"关于研究，兀老师认为：

"首先，肯定是有思考，是基于长期实践的思考。"

"其次，结合思考再去进行理论学习。理论学习最好能分阶段，相对系统地学习后，能应用到课堂中去。在课堂上，也许一节一节课看不出什么，但累积起来就会有质的飞跃。单纯地教知识没什么难的，学生也不需要教师单纯地教知识。现在，教知识的渠道与途径实在是太多了。对教师来说，更重要的是，怎么打破知识体系？怎么让学生思考？让学生思考的不仅仅是怎样赢得高考的分数，而且要思考当下的学习对今后的生活及工作方面的作用在哪里？"

"再次，是对教材的理解。青海师范大学附属实验中学以前用的教材是人教版的，后来换成了外研社版。从内容上看，外研社版教材的内容更新一点，但难度大，词难，句子难，地道用法很难猜。对外研社版的教材，以前我没有系统地研究。但后来通过对标研究，就是把教材拆解了，用量表的方式去分析、对比，对教材才有了系统的认识。以前，我们一线教师常会挑教材的毛病，研究后才发现，教材融入了编者的思想，觉得特别好，尤其是对标分析后才深刻发现编者的水平很高。以前，我们是因为无知所以很自负。现在拿到教材，我首先就会从思路上分析，然后再做整合。"

接受访谈的感悟：理论很重要，触动特别大

访谈接近尾声时，兀老师说："这次访谈对我的触动特别大！以前，我觉得自己好像没做过研究，但听了您对研究的界定尤其是研究的不同层级的划分和研究的意义后，一下子让我静下心来，促使我梳理了自己对怎么改进教学的思考。访谈让我自己一下子成长了很多。"

"刘老师，您能否给我推荐两本书？以前，我好像不屑于理论，后来才发现理论的重要性。教学中很多时候悟不到，其实是我们的理论不够，有的时候是我们不能融会贯通。所以，我需要看书，提升自己的理论水平。"

第3节　在"我也可以这样做"的感叹中走上研究道路

张丽红是第10位接受访谈的教师。她是郑州市金水区综合实践活动课程最早的专职教师,也是学校、区内、省市乃至全国该领域的先行者。2010年,我进入郑州市金水区教育发展研究中心教科所工作,在任科研员的同时,还兼任心理健康教育和综合实践活动课程的教研员。金水区作为国家级首批课改实验区,自2001年起便率先进入新课改,综合实践活动课程一直在全国具有领先优势。而张丽红老师恰恰就是始终走在该课程探索最前沿的一名骨干教师。在我任教研员期间,她作为学科团队核心骨干,一直与我有深度合作,即便2016年我辞职离开了金水区,这种彼此学习、相互支持的关系依然延续着。因为丽红一直很努力,一直在行动中追求并实现着超越。

关注1：那些一直想被我们看见的孩子

1997年,丽红从郑州师范学校毕业后,成为郑州市金水区黄河路一小(以下简称"黄一")的教师,教语文,任班主任。当时黄一的生源主要是学校片区内都市村庄的村民及租房户的孩子,租房的外来务工人员又以在附近做小生意或打工的居多。谈起第一次写论文,丽红说:

"当班主任的第一年,写的第一篇论文是《浅谈特殊家庭中特殊儿童的特殊教育》。之所以选择这个视角写是有前提的,起因于我自己,我是在单亲家庭中长大的孩子,从小就一直想要被家里人、被老师看见,想要被关注。我妈妈是高中毕业，但她一个人既要照顾家，又要教育3个孩子，还要种庄稼，她太忙了。当然，在我的成长中也有我妈的影子，总想把事情做好，总想证明自己。刚上班的时候是20世纪90年代末，课外班还没有那么盛行。那时，我一直住在学校。黄一当时还是所薄弱的学校，学生家长多是靠做小生意来养家糊口的，双休日，我班上的、学校里的孩子有的帮家长干活，但更多的是在疯跑，疯跑的孩子虽然很自由，但少了点意义。"

丽红说，她在班里的孩子身上看到了自己小时候的影子。她希望能让孩子们感到老师不仅看到了他们，而且很关注他们。

为了写好第一篇文章，丽红跑到书店翻找书籍，查找资料。功夫不负有心人，她撰写的第一篇论文在河南省教育厅组织的教育教学论文评比中获得了二等奖。看到获奖证书时，丽红既惊喜又激动，她感慨："我也可以关注学生的问题，我也可以发声，我也可以为学生服务！"

"2000年，区教科所潘英主任带着大家做综合实践活动，我们选择做的就是周末对孩子成长有意义的事情……"

关注2：综合实践活动的常态有效实施

"刘老师，第一次和您见面是2010年在纬四路小学，当时是打磨一节省级参赛课，听完课后，您进行了点评。我特别难忘的是您说的'当我们陈述自己的想法时，传递出的只是个人的感悟，但怎样成为系统化的、有理有据的探索方法，如何能帮到更多的孩子？需要综合实践活动常态有效实施。'"

丽红说到这里，也勾起了我的回忆。那是我调到教育发展研究中心教科所不久，和主任一起到学校指导即将在省里参评的一节课。至于当时我说了什么，我已经记不清楚了，没想到丽红还记忆犹新。

"刘老师，您成为综合实践活动教研员以后，接连做了几项调研，而且都刊登在《综合实践活动研究》杂志上。我记得，当时您说，常态，就是要像语、数、英学科那样实施，所以在您的带领下，出台了《郑州市金水区教体局关于进一步加强学校综合实践活动课程整体规划的意见》；有效，就是要建立评价体系，所以您带着我们用了两年时间，研发出了《三～九年级学生综合实践活动能力发展标准一览表》……在研究路上，您是对我启发最大、帮助最大的人。我记得，当时您指导我挖掘、整理出的经验材料《小巧工作本，综实大妙用》也被刊登在了《综合实践活动研究》[①]……"

在综合实践活动常态有效实施的过程中，丽红越来越觉得做研究是需要有"同在感"的。而所谓"同在"是指老师要蹲下来和孩子在一起，老师盯着的核心是孩子。如果这样做，就能找到很多可以研究的点。

"刘老师，跟着您做了几个省级课题，后来我自己也立项做了市级课题。作为一线教师也常有困扰的问题，有的老师说，职评标准降低了，市级课题评副高级就能用了。一些学科的老师也问我，怎么做课题才能成功立项，还有的老师想和我做综合实践活动的课题。我就挺好奇，好多学科的教材体系发展的都比综合实践活动课程要长久，为什么不在自己的本学科做研究？难道他们的学科内当下就没有问题吗？还是我们身边的老师缺乏研究的意识？"

"刘老师，我特别想跟您探讨，是老师们的思维僵化了吗？您从2013年开始组织全区'能力生根'学生研究性学习成果评选，后来郑州市组织评比，我们区的获奖占全市的一半（首届郑州市研究性成果评比，采取的是金水区单独评，不然获奖会更多）；全省的研究性学习，我们区中小学获得一等奖的要占到全省的$\frac{1}{3}$（丽红指导的学生当时先后获得了郑州市和河南省的一等奖）。从那时起，每年我都一直坚持带着学生进行研究性学习。在做课题的过程中，让学生自己发现问题、解决问题。我发现，首先，教师要比学生有更敏锐的眼光，才能发现更小的点；其次，教师要不断地给到学生知识，才能促使他们更好地解决问题；其三，学生在行动中，在研究问题的过程中，总是会不断地产生新问题，而有些问题恰恰可能成为教师要研究的问题。"

⚛ 关注3：教师是有效和谐关系的连接者

"学生做视频比老师做得还好。我发现，教师的作用其实是给学生提供平

[①] 张丽红. 小巧工作本，综实大妙用究[J]. 综合实践活动研究，2013（5）：16-17.

台。Project-based Learning（英文缩写为PBL，用项目式学习模式）做研究性学习，能给学生更大的支撑。当老师要给学生提供更大的支撑时，教师需要的支撑也会更多。我就想，能不能带着学生学习，比如如何有效提取信息？提取的方法能不能内化成自己的？能转化成自己的，才能给到学生、给到生活中建立联系的人。"

"最近我关注高年级的学生，'双减'后，还有孩子在民办学校参加选拔考试，公办学校也有重点班、实验班。我在想，怎么能在这种压力下，让孩子主动学习？在努力工作的同时，工作对象也会给我帮助和支持……当然，我有时候也会感到迷茫。迷茫时，我就会翻看您当年带着我们做课题时的资料，看着看着，就明白了还可以怎么做，做到现在的程度还有哪些地方可以完善。有时候也不知道从哪里汲取力量了，我就会看看您写的书《选择相信：在心理实验中发现教育解困的密码》，书里有很多的理论支撑，看书时，我发现自己知道的很少。"

"后来很多学校让我们给他们看课、评课时，让我产生了疑问：为什么有的课没有到更高的阶段？以前开发的常态课型已经不太适合了，已经和学生的变化不搭了。其实，学生的变化很快，经过这几年的探索，我越来越觉得教师现在就是一个连接者，是学的资源的连接者，帮学生链接学习资源、空间资源，包括盘活学生、学校、家长的资源。所以我一直在思考，怎么建立更有效、更和谐的关系？怎样让孩子更好地自主学习？"

"在团队中，我也会把自己的发现分享给同伴，比如在和牛红、张颖、杨斐沟通时，我会告诉她们，一定要做小点的项目。同时，我也会提醒她们，不要总是揣摩别人的喜好，更多的是要揣摩自己：你想要的是什么？你能给学生什么？你能给同伴什么？有伙伴向我反馈说，'你现在依然可以给我帮助''你怎么越来越像刘老师了'。"

"我特别赞同胡德海先生在给您的书写的序言里的话，'教育不但是个社会现象，更是个心理现象'。我记得您以前也说过类似的话，'教育不仅是教授知识，更多的是解决心理的问题'。这几年，我在做《项目式学习对小学生领导力提升研究》，学着做着，发现，直到现在才敢于去触碰关于心理的问题了。我认为，给学生的是平台，给学生的是链接，而我才是连接者。作为教师，做个连接者，比给学生知识、方法更重要。在这样的认识下，经过有意地调整，我又发现，学生比以前更愿意行动了。有的学生忙到半夜11点，还不愿停下自己的设计，家长都感慨地说，'一旦找到某个点，一旦找到他的兴趣点，孩子那么专注地做，一定能成功。'如果老师没有吸引到学生，应该反思自己是不是没有找到孩子的兴趣点，因此更应该在自己身上找原因而不是责怪孩子。"

"新冠肺炎疫情防控期间，针对毕业班的'感恩毕业季——文化衫'项目式学习，我们设计了'线上秀'活动。复课后，又设计了'我行我秀'活动。孩子们带着专业设备，制作的视频非常专业。孩子、家长、老师都觉得活动非常有意义。我认为，当课程贴近学生的生活内容，贴近学生的热点，课程以活动的形式呈现，更具备仪式感，就有了升华点，进而就产生了意义。"

迷茫：被点拨，挤时间，自律，品质进阶

丽红在讲述中，谈到了当下她迷茫的多个问题：

"第一，我感觉给到孩子的东西窄了，觉得自己需要高屋建瓴的点拨，但少了些系统化的专业理论的支撑，少了些能够凝练成规则、沉淀后的理论总结……"

"第二，'双减'后，老师的工作量增加了很多，在学校的时间至少10个小时，白天几乎都在学校，我总在想，时间能不能合理地挤出来？在这一点上，我得向您学习。关于老师们的时间分配、对时间的利用，您的经历可以给我们一个警示。您一边上班，带着两个学科团队，还有其他工作，但还考博士。我们也需要合理地利用好时间。"

"第三，我们是不是没有您那么自律？如果做到了，是不是就不会这么迷茫了？"

"第四，我总在给自己找理由，比如，等孩子上幼儿园吧，到那时我就有时间了……不过我也会想，您家孩子中考、高考，您还能挤出时间做好自己要做的事情。原来我说您是我的畏友。现在想想，您就是我的精神导师。您这个年龄还在学习，还那么自律，值得我学习！"

丽红的叙述因故中断了一会儿。当她继续讲述时，说：

"研究一定要真实，要小。要有抓手，可做，对教学才有实质帮助。我看了一些书发现，我做的就是有目标的设计，就是用大概念统领做的。《全世界都想上的课》

中说，课程目标前置，通盘考虑，就能逐步靠近目标。我就是这样做的，学生不仅能做到，甚至可以丰富、超越目标。看了《追求理解的教学设计》后觉得，我也是这样做的。当有这样的契合时，我也会想，之所以没有动笔写成文字，是觉得自己写的东西只能成为一个案例。但为什么我们的东西只能成为案例呢？"

"还有，做研究不光是自己喜欢，它是功利的吗？能不能让自己获益？我想，真正的利益驱使其实就是职称。不过，我们一线老师很难有机会立项省级课题。这让我很受打击。有时，我想，可能是上面给的名额太少了，而需要的人又太多了；有时，我也会反思，我们的研究究竟形成了什么？达到了哪个层面？是不是我们的能量场太小了？我们是不是只能在实操层面进行探索，却没有上升到客观、理性和区域都能用的程度？我们这样的研究究竟是不是真正的研究？"

⚛ 观点：研究是对某个问题有兴趣想解决

在被问到什么是研究或是怎样理解研究时，丽红说："研究就是你对某个问题产生兴趣，想解决这个问题，所以就要寻求路径、找方法。"

她还补充说："做研究，刚开始时是有问题，在解决问题时，其实是给自己搭了个台子，找了个场子，而把问题解决了会发现，是给自己和孩子找了乐子。"

"有时，我也想把研究中的思考写下来，比如写教育随笔，但又觉得一是没有时间，尤其是延时服务后，似乎只有早上才有点时间；有时又觉得写了也不知道什么时候能拿起来用。还有，总是不断地在自己的舒适区里读书，却没有涉猎新领域里的东西。在这一点，我也应该向您学习，大文章，核心期刊文章不仅经常能写出来，而且还能不断地给自己创造更多的挑战！也许只要坚持这样不断挑战，才能看到不一样的风景。"

⚛ 心声：教师需要能够助力成长的教研员

在请丽红审校访谈材料时，她在初稿后面附上了下面的内容。

"刘老师：您好！如果想要较为普适的帮助到更多的一线老师，是不是应该把自己遇见您这样的教研员，能够真心带着一线的老师勇敢向前迈进的事例也融进去？"

"其一，灯塔的力量。我至今还记得，您领着我们准备很多材料，帮助赵伟霞她们几个人评职称，这是在身体力行地帮助一线老师，这样的引路人就像前行中的海上灯塔一样给予人温暖，老师的心中自然有力量，才有可能在专业上不断地前行！

其二，前沿的视角。还记得您在教研会上讲过这样的话：我分管综实和心健两个学科，我发现这两个学科的融合性非常高，孩子们在实践活动中肯定发生联系，需要沟通，心理上会发生变化，团队内部也会发生矛盾，这都需要心理学上的专业知识给予支持，而心健学科上，更需要依托活动去观察学生行为，通过活动发现学生自身的问题，这两个学科完全可以无缝融合。大意就是这样，而那时候还没有人提到跨学科、打破学科边界这样的话，所以当我们作为兼职的教研员，跟着您四处教研时，内心是不断丰盈的，见识也在不断增长，我们才能够在自己的内心不断生长出来自信！

其三，信任的力量。不论是出台区域性的文件，还是送课下乡、区域间的交流，跨市乃至省级的交流，您愿意为一线的老师搭建平台，我们才有可能被看见！

其四，专业的深耕。在您的指导下，我们才有可能把一篇篇文章汇集成书，被更多的读者看到。现在看来，自己写的东西还可以这么有深度，都被自己打动了！人不觉醒就会原地踏步，难以感受到前行的曙光！

……

写到这里，我不是在给您写赞歌，而是在回头看自己的成长之路时，总感觉自己在原地踏步，缺乏更高目标的引领，不知去往何处！写的文章仅仅是被拿走用，没有持续跟进与更大提升。总觉得自己不该这样，但又不知该怎么办。也想像您一样，让自己的专业水平不断地向前发展。谢谢您的看见！"

是啊，教师走上学术道路需要教研员倾情助力，在精神与专业等方面促使一线教师全面成长。

第4节　在思考自己和学生的人生中走上研究道路

宋建峰是第2位和我约定时间进行访谈的教师。

和宋老师结缘，源自"悦教研共同体"的创建人胡新颖，她也是接受访谈的一位教师。①胡老师邀请我，2022年4月9日为"悦教研共同体"的成员作公益讲座，讲我的著作《选择相信：在心理实验中发现教育解困的密码》。为了提高针对性，3月下旬，我通过胡老师发放了"阅读反馈单"，在小范围内先行调研。4月1日，我看到了宋建峰的反馈单。分析了8份反馈单后，我采用了李雪芹和宋建峰两位老师在反馈单中"读后，最想说的话"——"教育教学中常见的案例，原来可以这样解决"——作为培训的主题。讲座时，我向大家讲述了主题名称的由来，并专门感谢了两位老师。4月23日是世界读书日，当天晚上，我应邀全程参与了"悦教研共同体"组织的读书分享活动。当时，有5位教师分享了"阅读《选择相信：在心理实验中发现教育解困的密码》的收获与感悟"，宋老师就是其中的一位。

如果说，通过阅读反馈单，我结识了宋老师。那么，通过读书分享活动，我进一步了解了宋老师。他是一名小学体育教师，热爱读书，勤于思考，乐于分享。所以，我对宋老师是如何走上研究道路的充满期待。

---

① 悦教研共同体是个民间公益组织，以网络直播方式，进行"课题研究、课例研究、阅读、写作、信息技术运用"五大主题系列公益教研活动。2014年创建，截至2022年4月23日，已开展了286场网络公益讲座，辐射到全国20多个省市。

思考1：和发小因何有了那么大的差距

宋老师2011年毕业于商丘师院，本科4年学的是篮球专业。毕业后，他在上海和南京闯荡了两年。因为女朋友一毕业就回到家乡河南周口项城当了教师。2013年，他参加了周口的特岗教师考试。考上特岗后，他被分到项城的乡镇，成了一名农村体育教师。在做特岗教师的三四年，他先教了一年初中，又教了两三年小学。2017年，他参加选调考试，考进周口项城第二实验小学。至今仍在这所学校任体育教师。

其间，宋老师参加过同学聚会。他发现，小学、初中同学，还有从小光着屁股一起长大的发小，在过去的十多年间，无论是个人的认知还是所处的行业都发生了很大的变化。聊天时，明显能感觉到有点跟不上节奏。

这促使他思考，发小之间为什么会产生那么大的差距？

思考2：农村孩子的人生怎样能宽广些

2013年，在乡镇教初中时，宋老师发现初中学校越来越少。2017年，镇子上的初中由3所降到1所，而且仅有的这所学校的学生也只有一两百人。

刚当特岗教师时，宋老师充满激情。但渐渐地，自己的满怀激情，在孩子们没什么变化的现实面前，一点点地被消磨了下去。他说：

"有个孩子总睡不醒。所有教他的老师都有这种感觉。这个孩子的爸爸、妈妈要求不高，'孩子初中上完就行，毕业后，就跟着俺们经营超市'。"

"有个女孩子喜欢学习，但沉默寡言，总是一个人在学。如果你跟她打招呼，她也不会主动跟你说话……这个孩子的父母常年不在家，尽管她学习上没什么问题，但生活中的问题很多。"

"还有一个小女孩能说出很多成年人的话，包括脏话……"

面对自己教的孩子，面对他们的问题，宋老师常常思考：这些孩子会有怎样的人生？

想到自己走过的路，想到自己和发小们显见的变化，有个问题一直萦绕在宋老师心头，那就是：该怎样做才能让这些孩子的人生，这些孩子的孩子的人生，更宽广一些？

思考3：教育方法不得当是可以毁人的

在对自己的人生和所教学生的人生思考的过程中，自家孩子的遭遇把思考引向深入。2013年，宋老师家的老大出生，2017年孩子上幼儿园。仅仅一个学期，孩子就出现了一些让他和孩子妈妈难以理解的抽动行为。当时，家里人很慌张，和孩子的老师聊，但找不到原因。后来，他就到幼儿园，躲到孩子的教室外面听。他听到老师用竹批敲击桌子的声音。由此他想到，教师的教育方式存在问题。第二学期，他们给孩子转园了。孩子转园没多久跟他说："爸爸，我现在想上幼儿园了。"孩子的话带给宋老师很大触动。

之后，孩子抽动的行为有了很大改善。现在孩子基本不会莫名抽动了。

这件事对宋老师走上研究道路的刺激更强。

自家孩子出现的问题，让宋老师深刻认识到，"教育方式不得当是可以毁人的！"他认为，"教育问题不仅仅出现在自家孩子身上。我们学校的孩子，一个班里至少有10%的孩子会出现各类问题。"

宋老师说："孩子们的问题使我思考，大班教学如何让每一个孩子都能参与到体育活动中？您的《选择相信：在心理实验中发现教育解困的密码》中有这样的论述，就是，让所有的孩子都参与到体育中来，都能找到、都能感受到自己的快乐……"

"这几年，也遇到了一些家长，在解决孩子的问题中，和家长们也成了朋友，常一起聊。我发现，家长比孩子还焦虑。他们常问：'为什么孩子不爱学习？'"

"在思考学生的人生，思考我的人生，尤其是思考我家孩子出现的问题的过程中，我不断地追问教育的作用。我常和很多家长聊，希望能帮到他们。但有的时候，我不是很自信。我觉得，需要找到一些理论才能更好地帮家长解决问题。"

行动：让不说话的孩子欢呼

有一天，一个小男孩被他妈妈和舅舅带着找到宋老师所在的学校。这个孩子不爱说话，也不愿意和人交流，但他想学打篮球，所以家长就慕名找到了宋老师。

宋老师看着面无表情、默不作声的孩子，想到了曾看过的一部电影《卡特教练》。影片中有个情节，是卡特教练对一个球员的激励。宋老师就学习卡特教练当时所用的方法，他给了孩子一个篮球，让孩子去投篮。然后，他始终微笑着，看着孩子，但没有指导，只是用眼神和手势，鼓励孩子用各种方法去投篮。孩子投了1次、2次、3次……投了十多次，但一直都没有投进。宋老师就一直蹲在他面前，孩子的妈妈和舅舅也一直站在旁边看着孩子。孩子又投了十多次后，终于投进了。那一刻，宋老师看到那个一直没有说话的孩子，那个原本没有表情的、没说一句话的孩子，从大笑到大声呼喊："进了！……"宋老师说："孩子在欢呼，我却快流泪了！"

此后，这个孩子就一直跟着宋老师打篮球。宋老师身体力行，耐心陪伴，让这个孩子有了很大的改变，家长也很感激。

思考4：让每个孩子成为眼里有光的人

宋老师在思考自己和学生的人生中，通过体育课尤其是篮球活动，不断地塑造和改变着一个个孩子。同时，他的思考也越来越深入。

"教育真的不单纯是教知识，更多的是情绪，是认知上的东西。"

"我常想，我的那些小伙伴、我的同学、我的学生，通过教育上一些改善，是不是可以有不同的人生。我上中学时，辍学了一个学期。我想，如果当时不冲动，会不会有不一样的人生？"

"为什么不同的人，人生有那么大的差距？"

"我们学校是一所有四五千名学生的大学校，现在限班额，每个班是五六十人，有的大班近百人。义务教育阶段有1.8亿儿童。2017年，我曾在《中国青年报》上看到相关报道，具体数据记不太清楚了，主要是说，当时大部分县城的中小学班额都比较大。无论是大班还是小班，教育孩子更多的是靠班主任，但有的班主任处理问题常用的办法是请家长，可请家长并不一定就能很好地解决问题。我常想，教育问题的背后究竟是什么？"

"学校里的心理老师不够，好多家长也不是都有能力教育好自己的孩子。怎么办？我想，在大班额情况下，最好的方式是让更多的孩子能参与到体育活动中来。我们全校有5位体育教师，每周每班只能排1节体育课，县里非常缺体育、音乐、美术老师。"

虽然，宋老师也有很多困惑。但他非常认同在《一席》上看到过的关于教育公平问题的一句话——"经济越落后的地方，教育越要给人希望"。

"我们县和别的地方相差很多。我们这里的孩子为什么不能有好的起点？我虽然不能改变什么，但可以在我的能力范围内做出一些改变。我常想，我们不能拉长人生的长度，但我们可以拓宽人生的宽度，从自身出发，做一些发光的事情。"

"正如张嘉佳在《云边有个小卖部》中所说的，我们每个人都是一道光，即使很微弱，也可以让旁边的人感受到这束光。"

"我非常认同这一点。虽然我的能力不大，但也可以发出光。不让我们的孩子遇到不恰当的老师。我们尽可能影响身边的孩子，让自己教的孩子成为眼里有光的人。让他们有明晰的人生目标。只要孩子眼里有光，就有希望！"

💡 历红感悟：点亮人生，让孩子眼里有光

或许宋老师的研究还没有达到规范的程度，但看到他让一个孩子从不愿意说话、从面无表情到忘我欢呼、呐喊，谁能否认他的研究成果带来的冲击？当他通过自己的体育课和篮球训练改变了一个个孩子，谁又能否认他的研究成果的影响力？

研究就是解决问题，无论是解决学习问题，还是习惯问题、心理问题，只要有效果，就表明取得了研究成果。宋老师从思考自己的人生到思考自己

所教的学生的人生，从思考自己孩子的遭遇到思考教育对人的影响，得出自己的判断，然后身体力行，想方设法，努力地去改变身边的孩子。我想，只要这样的案例不断累积起来，加上他持之以恒的思考，假以时日，也许他的研究成果就会体现在更多孩子的转变中，一点点地、持续地彰显教书育人的影响力与领导力。

这不就是教育的价值，教育的作用，教育的力量吗？

宋老师生活的项城（县级市），据他所说，全市有70多万人，平时大都是老人和孩子在家，年轻人包括孩子的父辈们都外出打工了。他们县比较穷。尽管人均收入不高，但房价却高，每平方米均价在5000元以上。他现在是中小学二级教师，11级，工资每个月3000多块，两个孩子，都是男孩，由他的妈妈帮着带。他所在的学校是中心城区的老学校，班额很大，孩子的问题比较多。他爱人所在的学校是新建的九年一贯制学校，班额相对小一些，问题相对少一点。他们学校有4000多名学生，150~160名教师，教师平均年龄40多岁，他是男教师中年龄最小的。这几年虽然也在选调教师，但刚毕业的年轻教师依然很少。

宋老师说："教师都有自我超越的想法，但还要有指路的明灯。在解决问题的过程中，通过思考、请教、读书等方式不断学习，无论是教学水平还是理论水平都会有所提高。所以有了研究意识，对很多问题就会有意识地去思考，也会有意识地去寻求帮助，比如找老教师、看书和上网查资料。总之，遇到问题揪着不放，然后想方设法去解决，就能一点点地成长。教师成长了，就能带给孩子更多的光。"

宋老师的话让我想起了一句话，"普通的教师教知识，优秀的教师教方法，智慧的教师点亮生命。"从这个意义上说，宋老师努力追求的，让孩子眼里有光，不就是在点亮生命吗？

当下，城乡发展不均衡是我们不得不面对的现实，城乡教育的差距也是我们不得不正视的问题。采访宋老师带给我很多思考……有对教育、对人生，对教师的发展的思考，更有对孩子的未来，对国家与民族的未来的思考。

人力资源是强国最重要的资源，而这个资源的挖掘与释放需要高质量的教育体系，而建设高质量的教育体系需要拥有高质量的教师队伍。因为教师是教育的第一资源，是建设高质量教育体系、实施高质量教育的根本力量。当前，基础教育教师队伍建设的主要矛盾正在从数量不足向提高质量转变，而全面建设高质量基础教育教师队伍是一项系统性、综合性、艰巨性的复杂工程。[①]在中小学培养学术型教师是基础教育教师向高质量发展的突破口和制高点，是基础教育适应新时代教育发展的现实要求和必然选择。

为此，走进新时代，国家对中小学教师的培训力度史无前例。2021年我也曾承担过宁夏特岗教师的培训任务。应该说，当前教师的起点整体较高，但是想方设法拉近城乡教育软硬件的差距依然任重道远。在大环境逐步转变的同时，在农村教师、城镇教师中，有更多像宋建峰这样的希望孩子有更宽广的人生的老师，有更多不遗余力让孩子眼中有光的老师，那么孩子的未来就会更有希望。孩子的未来有了希望，家庭的未来就有了希望，国家的未来就有了希望！

研究的转化能让自发、漫长的探索活动变得更加自觉，而经验的传递、思想的碰撞会因成果的扩大，既缩短探索进程又提升效果。所以把宋老师走上研究道路的故事分享给大家，希望有更多的农村教师能讲述自己的故事，希望有更多的社会人士能关注农村的教育。

衷心希望，当我们走进每一所乡村中小学，看到的都是一个个眼里有光的孩子！

---

① 程建平，张志勇. 高质量基础教育教师队伍建设的任务和路径［J］. 教育研究，2022（4）：132-136.

第 6 章　来自发展的需要

每个人的内心深处都有渴望发展的需要，因为人具有发展的本质。所谓发展的本质是指人的需要本性。这种需要分为两种，一种是满足生命活动的需要，另一种是在满足生命需求的基础上产生的新的需要，这种需要的直接目的是提高生活质量，把幸福作为衡量生活的标准。人的这种以新的需要为内核的发展本质是人所独有的。这种需要告诉我们，人不仅要活着，还要发展，通过发展使人生活得更滋润、更有尊严、更幸福、更美满。[①]

这正是马克思主义关于人的自由全面发展的基本价值诉求。马克思对人的发展的定位是创造意义。而创造意义是指能力的自由发展和充分实现。他认为，实践是人之为人的本质规定，人就应当在对象化的创造性活动中确证自己的能力、情感和审美，实现这一本性。他希望，人可以拥有自由时间，也就是能有闲暇时间和从事较高级活动的时间。他对较高级活动的界定是，人在必要劳动时间之

---

① 张奎良,孙晶. 马克思"人的发展的本质"释义[J]. 黑龙江社会科学,2016:(1) 1-6.

外的自由自觉的活动，例如在艺术、科学等方面得到发展。这种较高级的活动，既能创造财富又能发展人本身，既发展人的体力又发展人的智力和个性，能增强人的主体性，满足人的自我实现的需要，成为使人愉悦、有利于人的身心健康和自由全面发展的过程。①

本章讲述的两位教师，她们基于自己的教学教研工作，自觉地生发出发展的需要，一位创造性地创设教研载体，为身边和远方的教师提供"悦教研"平台，在实现自我发展的同时还促进更多同伴与同行一起成长；另一位从本科毕业成为普通高中教师起，立足课堂，经过十多年持续探索，教学由生涩到成熟，之后还通过自身不懈地奋斗，坚持一边工作一边求学，最终通过学历提升，读完博士后留在高校成为培养教师的教师。目前，她们对自己的工作、生活都体验到了成就感和幸福感。她们既实现了自身发展，满足了自我实现的发展需要，又在更大的时空内发挥着促进教育教学发展的积极作用，她们为中小学教师的发展提供了多元选择的可能。

---

① 陈新夏. 人性与人的本质及人的发展［J］. 哲学研究，2010（10）：11-15.

 第1节　为把工作做好走上研究的道路

胡新颖是第4位接受访谈的教师。

个人发展：以时间为轴，梳理成长节点

访谈过程，一般是接受访谈的老师围绕"我是这样走上研究道路的"主题，首先，进行自我叙述，这个过程我一般不会打断，主要是做记录；其次，追问陈述中我没有听清楚或有疑问的内容，对信息进行澄清，以保证故事的清晰与完整；最后，针对访谈的主题，我会提出问题，重点是了解被访谈者对研究的界定与理解。

胡老师对访谈主题做了充分准备，为方便读者朋友全面、细致地了解她的研究故事，我采用了以时间为轴划分阶段的方式，呈现她在研究道路上的成长故事。第一阶段是从她走上教学岗位到一步步成长，从在初中站稳讲台到在高中获得省级优质课一等奖；第二阶段是从她转型成为教研员到兼任科研员管理全县的课题，进而创建网络教研共同体，目前这个共同体不仅已经坚持运转了7年多而且还在继续运行，同时还走出河南，在更广泛的时空内发挥着不可小觑的影响力；第三阶段则是她被以人才引进的方式，从河南周口项城调到江苏苏州工作，回归讲台，对研究进入有内在自觉和使命感的新阶段。

发展1：从站稳讲台到省级优质课获奖

"我很拼命！很年轻的时候，在那个花样的年纪，全部投身在课堂之中，当然也收获了一大批亦师亦友的朋友。我记得很清楚，1999年我刚毕业，那时我带初三4个班的化学课。有一天，忽然感冒了，发烧很厉害，可能是仗着自己年轻，还是连续讲了7节课，下课后才去学校后面的小诊所看病。现在回头看，才明白其实有些人、有些事会影响到你，改变你的工作态度和工作的理念，并在以后的道路上对你起到很大的引领作用。"

"2002年我开始讲公开课。有一次我上公开课，讲的是二氧化碳的性质。当时还没有多媒体，我已经找人学做flash动画了，给全市的老师呈现了一节不一样的公开课。"

"2005年寒假，我进入高中任教，发现初中的课讲得再优秀，跟高中讲课的方式和知识体系还是有区别的。因为接的是下半学期的课，那时我几乎每一节课都要先听课，之后才上课。有一位老教师的课我听了两年半，每一节高一的新课，高二的新课我都去听，到高三讲复习课我也去听。开始时，我坐在班级里面听；到最后，我就拎着凳子坐在班级外边听。当时，我听的可能更多的是知识体系。"

"2006年，经过自己的努力和一些老师以及相关教研员的帮助，我拿到了河南省优质课的一等奖。我觉得，讲优质课很磨人，而且是磨得痛彻心扉，但是我总觉得痛的东西，一定是能促进自己成长的。前几天，看到罗兰的一句话：'累累的伤痕就是生活给你的最好的礼物'。任何一个阶段，我都会经历些痛彻心扉的伤痛，正是这些伤痛，奠定了我继续往前走的阶梯，回头去看，每段时间的痛都很值得。"

发展2：从管课题到创网络教研共同体

"2008年，我从高中调到教研室，见识到更多的不同，视野开阔了，教育思想也发展了。这个阶段听课、评课非常多，平均一年要听200多节课。自己当教师时的实践与当教研员时的理论慢慢融合。教育理论跟实践系统结合在一起是2008—2014年，有6年左右的时间。在那个阶段，我努力做好自己的本职工作，无意识中已经走上了研究的道路。"

"2014年，我开始负责全市的课题。由于对这个领域不太清楚，就逼自己学习。学习了再去教，开始可能是生硬的。它是一种先复制再应用的过程，这就是学习金字塔。不过在去教给别人之前，总得想办法把刚刚学的那些东西透彻地理出来才行。"

"那一年，我无意识中做了一件特别有意义的事，只是在当时，我并没有意识到而已，我通过QQ群建立了一个网络教研共同体。初期，我把所有的校长、业务副校长和主任等都拉进这个QQ群里。当时的初心是，不想折腾老师们来回跑到办公室拿文件，所以，把文件都变成电子的、表格形式的，都放在群里，让老师们省省力。起先是传达文件，慢慢发现，课题研究对2014年的我们而言是一个陌生的话题。很多人不懂，不知道该怎么做。我试着把我对课题研究的一些理解放在这个群里，渐渐地又发现，每天都在解答一些相似的问题，反复解答让我对研究的了解越来越深入，仔细梳理发现，其中有很多问题都是很基础的，所以我就试着把这些问题变成一个一个的主题，录制成微课程的形式，在群里给大家播放，这应该是最初的网络教研的雏形。现在看，这应该是一种社群学习或者叫做学习共同体。这是2014年做的事，回头来看，它是里程碑式的改变。"

"2016年，课题研究成为热门。我也通过两年的努力，得到了一些认可。但这时的网络教研还是零碎的，不成系统。那一年，我遇到了河南师范大学的刘玉荣教授，他是听我的一个同学说起，河南周口项城的胡新颖对课题有研究。刘老师负责国培项目，他邀请我去河南师范大学给国培生做讲座。他是第一个邀请我到大学做讲座的。我是基础教育阶段的一线老师，能到大学做讲座是很激动的。我就把自己这些年上过的课和这两年来对课题的认知完整地梳理了一遍。如果没有刘玉荣教授的邀请，我可能不会做这样的梳理。我记得，当时我跟刘老师去的第一站是新密，第二站是巩义……一轮下来，我对课题研究的认知已经非常系统和规范了。之后，约我讲课的人就多了起来，像河南大学、华中师范大学、华东师范大学、商丘师院、信阳师院。不仅是省内外的一些高校，还有省内的一些机构,像国家开放大学教师研修网等,都约我讲课。我觉得,我是个蛮认真的人,但凡约我讲课,我绝对不会把上次讲的内容完全复制地再讲一遍,总会进行一些改变。从我执教的化学学科到语文学科,再到历史、地理、政治,我讲的课题研究变成了通识类的课。不过,我讲的主要是操作层面的研究,还没有深入到理论层面。那是什么时候深入到理论层面的呢?"

"2017年,当时河南省基础教研室科研办的杨伟东主任看到我有股韧劲,就给我安排了一个任务,把河南省18个地市的教研员集中起来,根据我对课题的理解,从选题到结题、推广,形成18个问题,每个地市领取一个问题,把每个问题写成文章,结集成《基础教育教学课题研究18问》这本书。从做讲座到编书,于我而言,是一种质的变化,经过1年的时间,当这本书慢慢捋顺的时候,我对课题研究的认知已经形成了体系。"

"2017年,我也学着把2014年以来做网络教研的事以课题形式向河南省基础教研室进行了申报。为什么一定要去申报课题?不是为了进职称,而是想把做了3年的东西规范下来,看看能不能形成一种可复制、可推广的模式。2017年9月,我以《依托网络教研学习共同体,促进教师专业发展的实践研究》为题申报立项,课题被立为省级重点课题。有了这个抓手,我开始进行规范、有计划、系统的课题研究。也就是从这时起,我开始有计划地做网络教研这个主题。这时,我处于研究的上升期,因为既有原来的基础,又有抓手,还有新的探索。"

"2018—2019年我遇到了瓶颈。原来在做研究的过程中,前几年是以课题作为总方向做网络教研的,但做了4年,也没什么成果,就像驴拉磨一样,只是转着圈地往前走。我感觉到了疲惫,我的小伙伴也很疲惫。虽然每个星期都在做教研活动,但这种教研活动对我的成长、对我的小伙伴的成长有什么影响?也许,在这个团体中,全国很多老师都在这个群里学习,他们有提高,但如果说我不提高,我的小伙伴不提高,这样的共同体的研究又有多少意义?"

"2019年,我又遇到了一位贵人,她是西北师范大学教育信息技术系的张小兰教授,她在中国教育信息技术领域是天花板级的人物。2015年,她关注到我们这个群体,加了我的QQ。因为每一次活动,我都要在QQ群里面广而告之,让更多的人知道我们,然后加入这个团队共同学习。经过4年的观察,有一天她给我打电话，说：'胡老师，我觉得你们做这个事真不容易，没有任何官方的背景支持，一群热爱教育的、有情怀的老师在从底下往上托举教研活动，我来帮你们梳理一下你们的教研活动可以吗？'说实在话，能遇到张教授，由她帮我们梳理，对我们来说是福气。网络教研体系经过张教授半年多的梳理，思路非常清晰，而且有了一个可复制、可粘贴、可推广的模式。我想，在研究的过程中，不仅仅是自己在琢磨，遇到那些有想法、有思考的人的指导是非常关键的！通过张教授的指导，我们这个课题的模型就非常清晰地呈现了出来。"

"网络教研模式是要推到全国去的，2020年新冠肺炎疫情防控期间，网络研究发生质的变化。我觉得，研究不仅仅是个学术问题，更多的是它往哪里走，是研究者信仰的变化。2020年大年初二，教育部还没有开始提出'停课不停学'，我脑海中的问题是，如果孩子没办法到校学习，我们可不可以选择对网络教研熟悉的人，先录制好课程，然后免费发布，让所有的人共享。这时，我忽然意识到，自己努力做的研究让自己变得更好，并不是说希望自己得到多少东西，而是忽然觉得自己有一种使命。"

"有了使命感后，我就想通过教研让世界变得更加美好。那段时间，我的觉悟猛地提高了！我不再想着去谋取更高的职位或者得到更多的认可，而是想着怎样把研究做得更细致一些，怎样把研究的东西推到全国各地，让更多的老师受益。我的使命就是引领更多的一线教师走上教研这条路。当有了这种觉悟之后，格局打开后，研究任何事时站位也不一样了。"

"当站位变了，研究的方向和本质就打开了。这一年，我被评为特级教师，这让我更加坚信，成绩不是争取来的，而是你努力之后，闪光之后，你把自己变成一个发光体之后，被发现的。"

"2021年，我再次出现了瓶颈，我在想，怎样能让小伙伴们在做教研中看到成果？这个成果，不是物质、金钱、工作量……而是让更多的人知道，你们做得特别好，确实能让自己有所收获。我想看到的是这种成果。幸运的是，在张教授的梳理及推荐下，我们的网络教研成果成为广东省的国培课程。能够为广东省做国培课程，是一件让我们感觉很欣喜的事！"

"2021年，我们还收获了一个非常大的认可，就是被第六届中国教育创新成果公益博览会（简称'教博会'）推荐，荣获server提名奖。虽说2021年教博会未如期举行，但在没有了解评比事宜的背景下，网络教研项目竟然被提名了，我们都非常振奋！原来，网络教研不仅可以被一线教师接受，也能被北京师范大学主办的教博会认可，说明我们的方向是对的。一旦认定方向是对的，研究就更有力量了。2021年是爆发式改变的一年，从教博会的sever提名奖到河南省基础教育教学成果奖，我们都获得了。整个过程让我们觉得研究有了意义，我的小伙伴也明白了研究的方向和研究的价值在哪里。经过7年的研究，我们已经形成了可复制、可粘贴的网络教研模式。"

"这一年我还在想一个问题，就是可能我是教研员，对研究有一定有利条件，所以网络教研平台才可以持续7年。"

发展3：回归课堂，研究从需要到使命

"2022年，我回归课堂。网络教研共同体的研究依然在进行。这充分证明，即使是普通的一线教师，持续做一个研究久了，也会形成肌肉记忆。这种研究是可以有价值的，是可持续的，也算是从田野里走出来的一种研究模式吧。具有田野精神这句话，曾经被《中国教师报》的主编褚清源老师看到，什么样的力量能让一群一线教师有这种田野精神的研究？"

"从教研员回归到一线，我想给自己定一个时间胶囊。从现在起，又是个新的起点，零起点。虽然说又有很多困难，可是我的使命就是回归到实践中，看到更多一线存在的问题。如果说我看到了，以一己之力能够去改变，说明我的研究精神或者研究本身是有价值的。"

问题串：从对研究的界定、理解到感悟

问题1："你是怎么理解'研究'的？"

新颖："首先是我自己遇到的问题，或者是发现我身边的人遇到的问题，然后通过思考、调查、访谈、学习（包括查阅文献、读书）进行一个有计划、有步

骤、有结论的系统工作，我称之为研究。"

问题2："你是什么时候，因为什么契机走上研究道路的？"

新颖："实事求是地讲，是工作需要。因为工作调整，需要去做研究，为了保证把工作做好，我开始研究管理课题这项工作应该怎么做，从此走上研究道路。"

我回应："按照我对研究的理解和层次的界定，当你带着更多的人开始做课题研究时，应该是走向规范的研究阶段，而你用研究的方式解决自己或身边的人遇到的问题时，就已经开始进行研究了。"

新颖："我认同你的观点。2014年，河南省的教师晋升职称是需要课题研究这个条件的，而我恰好是负责收发课题研究的文件和材料的。课题研究有一定的规范性，不是写篇论文或是上节优质课，做课题需要一两年的过程材料……研究到一定深度的时候，我发现课题研究是能真正促进自我发展的。"

我又问："前面你说，你做研究是从需要到使命，这种跨越应该是在不断走向规范研究的过程中产生的感悟，是吗？"

新颖回应："对。就像我做网络教研这个事，本来是为全市的教师做服务工作的，后来发现这项服务能帮助全国的教师。最初，我遇到要通过网络促进教师专业发展这个问题的时候，开始研究网络教研平台的构建，网络教研主题的选择，教师专业发展的理论支撑。这就需要一些文献，需要有一些理论支撑。同时，还得有评价。这时评价方式也进入了我的研究范围……"

💡 历红感悟：在研究进阶中渐渐觉悟

从胡老师的3个发展阶段能感受到她的拼劲和韧劲。在研究道路上，她从搬着凳子听老教师的课，研究学科知识起步，到为上优质课磨到痛彻心扉；从转岗当教研员再到兼任科研员分管课题，因工作需要走上规范的研究道路；从为了使基层学校少跑路建立QQ群发布课题管理消息，到制作微课、短视频指导大家做课题；从2014年创建网络教研共同体，到坚持7年多不断赢得各种关注、赞誉，个人也被评为特级教师，教研成果被引进到广东……

她在研究道路上一步一步攀登，经历了从需要到使命的奋斗历程。她的那句"成绩不是争取来的，而是你努力之后，闪光之后，你把自己变成一个发光体之后，被发现的"，令人难以忘记。

我想，这是冲破功利走向道德境界与天地境界的征程中，才有可能产生的觉悟吧。

为何短暂相逢就有了长久的情谊？

不知正在看书的您，是否和我一样，时常会不自觉地追问：为何有的人仅仅是短暂的相逢，却会产生长久的情谊？

对此，我们常归因于缘分。

说起我和新颖的缘分，特别感谢河南省基础教研室科研办原主任杨伟东老师。6年前，杨主任在河南三门峡组织"2016年河南省基础教育科研管理领导力研究力提升培训研修会"，他邀请我做专题报告，报告的题目是"教研员领导力：助推教师研究，解决课堂教学问题"。当时我博士尚未毕业。记得，我是5月19日15：30—16：30做报告，为了节省时间，18日晚上我从兰州乘火车到三门峡，次日中午赶到会场。下午报告结束后，就匆匆离开，乘火车返回，在培训会场的时间不足5个小时。但缘分就是这样奇妙！那天中午，当我到达酒店后，新颖作为杨主任接待团队的成员在大厅接待了我，我们共进午餐；下午，我做报告的过程中，她积极参与，和我互动；报告结束后，恰巧是休息时段，她又从二楼的会场送我到一楼大厅……

或许是杨主任曾向新颖介绍过我；又或许是我请杨主任帮忙指导毕业论文时，他曾把我的论文发给新颖，请她也提提意见；更或许是我们灵魂深处有共同点吧，所以，才会一见如故。当时我们就互加了微信、QQ。从那时起，我们就一直保持着一种情谊。

研究带来的愉悦需投入其中方能体验

我认为，研究就是要解决问题。而解决问题需要充满好奇心。当解决了困扰自己的问题，不仅自己愉悦，若还能帮到他人，也会让他人感到愉悦。

一旦产生研究的好奇心，人会越来越有热情。或许有人会觉得，天天有那么多的工作，有那么多应付不完的事，哪还有研究这、研究那的热情……其实，没有深入其中的人难以体会到这种由内生发出来的快乐。一旦有人和你有了相同的快乐体验时，就会产生深度共情，彼此都能体验到研究者那种不知疲倦的思考、探索、修正、前进带来的快乐……在这个循环往复过程中，会发现自己在成长、在收获那种螺旋上升的快感与美妙！

访谈中，新颖对我的这种认知回应道："对！我深有同感！有人说，你的本职工作干好不就行了吗？天天带着一群人搞公益直播、公益教研，周末还要去学校给人家开题、指导，你累不累啊？他们不知道，我乐在其中。"

我想，研究会带给投入其中的人越来越多共同的体验，进而孕育出更多相同的觉悟。从这个角度说，只要我们一直坚持做研究，我们的缘分就会历久弥坚。同时，研究还会架起友谊的桥梁，让更多的同道中人成为朋友，哪怕我们至今素未谋面，哪怕我们远隔千山，哪怕时空阻隔……

如同，我在读胡塞尔的著作时，觉得他是我的忘年交一样。尽管，他从来都不知道世界上会有我这样一位朋友。

这就是研究的魅力！

第2节　在学教学的成长历程中逐渐走上研究道路

胡老师是西北某高校的一名教师,她是本次访谈中唯一的一位高校教师,一位曾在高中工作过整整18年的中学教师,在博士毕业后留在了高校任教。她的奋斗故事给中小学一线教师的研究发展提供了选择的多样性。人们常说,有选择是幸福的,因为自由的最高境界是可以自己做出选择。

胡老师是我的同门师姐,她先后多次走进上游学校,指导高中化学教学并推进课题研究。未来,相信她会一如既往地关心、支持和引领上游学校的学术型学校建设与学术型教师培养工作。

胡老师是本次访谈的第14位教师,她全面梳理了自己从教31年的经历,透过她的讲述,我们可以看到一位曾经追求拥有自己教学风格的中学教师,怎样一步一步跨过研究的门槛,逐渐成长为专业研究者的。

研究的初始阶段:更多的是学教学技能

说起研究契机,胡老师说:"没有特别清晰的事件,应该是在初为人师,开始走上讲台学着如何上课开始,随着教学经验的逐渐丰富,在教学实践中不断体会、不断反思,在学习的过程中逐步走上了研究的道路。"

1991年,胡老师从陕西师范大学毕业,被分配到兰州一所省级示范性高中任化学教师。她说:"本科阶段的学习是专业素养的学习,打下了学科知识的基础,但到了工作岗位后,要熟悉教材体系,学习新的理念和方法,通过教学实施进一步去体会，这种学习思考没有什么明确的研究意识，是模模糊糊地在做研究，比如优化教学设计、改进教学方法。刚开始的研究更注重方式方法，研究的途径主要是借鉴优秀教师的教法。"

回忆起刚入职时的经历，胡老师说："学校通过结对子的方式培养年轻教师，我在师父的指导下不断地训练，学习师父的教育理念、方式方法、教学技能……"胡老师认为，跟着师父学习教学的过程是不断地反思、不断超越自己的过程。当时，她很羡慕师父有自己的教学模式和教学艺术，特别希望自己也能很快成为教学能手，实现自己的教学理想，这个教学理想就是"教学成熟，能很好地把控课堂"。她觉得，刚走上教学工作岗位的自己，在跟着师父学习怎样上好课、教好学的过程中，有了一定的研究意识，但这和后来的研究是有差异的。对此，她做出了如下的分析。

"教学或者研究的初级阶段，更多的是在学习提高教学技能与驾驭课堂的能力。新课改前的20世纪90年代初，学校明确规定了固定的教学程序，'复习引入、教授新课、巩固应用、教学检测'，教师要按照规定的结构备课。这种模式非常注重教师的作用，是以教师为中心的，2000年以前，学校开展的所谓教学改革事实上是传统教学模式下的改革，如我们化学教学中的科学探究，主要是在技能层面培养学生的实验操作能力，多数教师和我一样通过师范教育，通过各种培训，有了一定的关于探究教学的理念，但总体上是知识教学，并未深入到科学教育的本质。"

⚛ 第二阶段：基于教学问题的针对性探究

经过近10年的一线教学，胡老师慢慢探索出了一定的教学模式，形成了一定的教学风格。"刚开始，探索一种用问题驱动的模式，通过设计核心问题和子问题，推动学生思维发展，是从提高提问的品质来提升教学质量。我所在的学校是甘肃省省级示范性高中，有很好的改革环境，比如学校有自己的改革目标，每个教研组也有自己的教改项目，教师的职业精神和专业素质有良好的传承，老教师毫不保留地传帮带、用心培养新教师，学校和省市教研员的联系也比较紧密，所以工作几年后我通过参加很多教研活动和教学比赛，切实感受到了自己的成长。"

胡老师所在学校的改革与学习氛围比较好，当时化学教研组多数老师都订阅《化学教育》《中学化学教学参考》等期刊，通过文献阅读，提升教学能力。胡老师很关注这些期刊中关于教学实验创新的文章，通过认真阅读体会，将一些理念和方法运用于教学实践，有效地优化了课堂教学。在教学中，她发现一些实验方案在真实情境下试验时，有的实际现象和教材及期刊中呈现的结果不相符合，该如何解释这样的情况呢？刚好学校新调来的化学实验员创新意识很强，针对教学实验他常常有自己独到的思考，实验员愿意协助胡老师进行针对性探究。在实验员的支持与配合下，胡老师开始查阅资料，通过多次调整试剂，改变反应条件，对一些学术期刊或教材实验所呈现的现象与实际不符的问题深入探究。"例如，甲烷的实验室制取和性质实验，甲烷燃烧是淡蓝色的火焰，但按照教材呈现的方案进行操作，点燃甲烷产生的却是黄色的火焰。针对这种情况，我们不断地改进试剂的比例，经过反复实验，探究了很长时间，终于看到了非常明显的淡蓝色的火焰。因为这个实验创新，我参加了兰州市当年的优质课比赛，拿了二等奖。我们将这个教学实验的探究过程与实验发现总结出来，写成一篇文章，给《中学化学教学参考》投稿，很快就发表了。"

胡老师回顾这段经历时认为，经过不断地实践、学习与反思，在充实自己的同时，尤其是在追求自己教学风格的过程中，由于坚持思考，慢慢地形成了一定的研究思维。她说："中学教师都有研究意识，只是这里的研究是广义的，因为各种教学反思就是研究，对教师的发展也能起到一定作用，但这种研究是不系统的，也缺乏对问题深层原因的探究和理论的解释。如果教育管理者，比如学校领导等能给教师用心搭建研究能力发展的平台，鼓励教师加强交流，不断将实践探索的成果进行整合提升，就是能动者的行动，但很多学校对促进教师研究能力的发展方面做得还不够。"

⚛ 攻读教育硕士：学习思考中体验幸福感

2000年前后，胡老师周围有人读了硕士学位。胡老师说起当年她得知经常一同教研的王老师在读研究生时，很惊诧和羡慕。正是这种影响，促使她萌生了"我是不是也可以读硕士"的念头。恰巧，读硕士的王老师为了完成学位论文，请胡老师帮忙发放调查问卷，胡老师就主动向王老师咨询报考教育硕士的相关情况，了解如何备考。

考研对胡老师来说并非易事。"最难的是英语，中学教师如果再进修，英语是最大的拦路虎，工作了十多年，大三、大四英语教材中的很多单词都不认识了，只能从大一的知识学起。为了学好英语，我还参加了两三次周末的考研辅导班，这些辅导班有专门训练口语的，有专门讲考试技巧的……中学教师的工作非常繁忙，只能利用休息时间进行复习。为了充分利用时间，我把重要的单词、语句写在卡片上，将这些卡片带在身上，坐公交车、走路、做饭、干家务活的时候，随时拿出来，不断记诵，天天接触，就有了进步。"

功夫不负有心人！2003年，胡老师首次参加硕士研究生考试并顺利通过，而且英语考了70多分。她说："在大学读教育硕士时，我把自己多年对实验教学的思考和体会撰写成了学位论文。"有身边老师的热心帮助，有实验员、教研组长的大力支持，她觉得自己很幸运。她说："我的硕士导师杨老师在化学专业方面给予了我很多指导，培养了我基本的学术规范，还有教育学院的王老师，对我的教育理念起到很重要的引领作用。"在两位老师指导下，胡老师的硕士学位论文在学术观点创新以及内容结构的逻辑性与准确性等诸多方面都体现出了高品质，被学校评为"优秀硕士论文"。

胡老师很享受读书、成长的快乐。"学习、思考中能感受到一种幸福。苏霍姆林斯基说过，要帮助教师摆脱日复一日、年复一年重复单调的劳动，就要帮助教师走上教育研究这条幸福的道路。在中学工作十多年，可以说是我的黄金时代，为我以后的职业发展奠定了坚实的根基。中学教师非常辛苦，为什么仍有很多老师能一如既往地坚持，那是因为他们能培养出优秀的学生，他们的工作有价值，这种价值感对教师而言也是一种幸福感。所以每位教师都有自己的动力，这种动力就是不断改进自己教育教学行为的内驱力。"

通过读学位，胡老师把十多年实践中体会到的东西进行归纳、总结。教育硕士是专业学位，更多的是做实践研究，撰写学位论文是对教学实践进行深入反思和总结的过程。一线教师做实践研究要把某个理念或策略在实践中应用，这个过程是一个不断改进行动的过程。胡老师认为"对中学教师来说，攻读教育硕士是个很系统的研究训练。"对她来说，真正意义上的研究品质就是在这个阶段形成的。"硕士毕业后，继续工作就跟原来不一样了。以前是蜻蜓点水，现在有了系统、本质的反思，是从教育教学的本质而不单纯是技术层面的反思。新课标将'学科知识的理解'直接改为'学科理解'，就表明要不断从学科本体出发追问凸显学科本质的东西在哪里？学科知识体现的价值在哪里？同时，要系统地学习教育教学理论，思考这些经典理论和当前学科教学实践的关系，从中获取营养。例如，我以前对'化学思维'很模糊，在思路、方法上缺乏清晰的判断，对化学思维和化学知识之间的关系也不是很清楚。但硕士阶段读了杜威的《我们怎样思维》，读了《化学哲学基础》等，对这个问题就有了更深入的理解。再如，阅读《科学革命的结构》《什么是科学》等，就明白了化学作为一门科学，其科学的本质是什么。读硕前，我读的更多是化学教学法相关的书籍，更关注学科教学方法。读硕期间，在老师指导下阅读了一些教育理论书籍，让我收获颇丰，奠定了我从理论的本源上去思考实践问题的研究思维。"

3年考博：不懈奋斗终于踏上学术征程

说起考博的初衷，胡老师坦诚地说："在高中工作了十多年，感觉到一种倦怠。就有了换个工作的想法，想让生活换个样子。当时，兰大化工学院招实验员，但我感觉并不适合自己，就没有去。从内心深处说，感觉实验员的工作相对来说还是比较缺乏创新性的，不符合自己想改变环境的想法。经过打听，得知如果要到高校当老师，需要有博士学位。所以就决定一边工作，一边考博。"

胡老师的考博之路实属不易。考博，英语要达到六级水平，这对她来说又是一个坎。因为英语没过线，2007年首次考博失败；2008年，英语过线了，但她的专业课成绩在报考导师王老师的考生中排名第二，而那一年王老师只招收一名博士生，尽管这次考试过了录取分数线，但择优录取，第二次考博她又被淘汰了。对此，胡老师说："这逼着我好好读书。如果读书不够，即使考进去也难毕业。"2009年，她第三次考博，终于如愿以偿。

回顾考博和读博的经历，胡老师感慨万千。"考博三年，前两年都失败了。

没有人喜欢失败，但这种失败也是在催促我们成长。我读学位时孩子正在读高中，我爱人在外地，家里家外全靠我一个人支撑。读博期间，父母生病，尤其是老人病危时，我因为学业压力没有能好好照顾和孝顺他们，最终送走了两位老人……这是我人生中最大的遗憾！"

"我刚到高校读博时，很多人看不起我，总听到有人议论，'王老师怎么招了一个中学教师？'面对这种轻视，我心里暗暗鼓劲，一定要写一篇好的学位论文！导师不断地鼓励我、帮助我，给了我很大的信心，他帮助我拟定了'研究性学习'这个博士论文的选题，让我好好思考一下在高中开展研究性学习的理论和现实问题。我自己有多年指导学生进行研究性学习的经验，做田野研究也有一定的优势，所以在导师的悉心指导下，我的博士论文完成得很好。正好甘肃省第一次评全省优秀博士论文，我的论文就入选了。那时，教育研究的范式有很大转变，正在由书斋式的思辨研究转向实践研究，而我的选题、我论文的特点刚好切中了这一点。"胡老师毕业后，恰好遇到她就读的高校教学论专业缺师资，所以她就留在了母校工作。

创生意义：很喜欢看书、研究和带学生

胡老师从上中学起就喜欢看文学书，20世纪80年代文学兴盛，文学书籍和杂志都很多。后来当了高中化学教师，她觉得不能只单纯地教知识和概念，要通过知识帮助学生扩展科学的视野，体会科学发展与社会、生活以及技术进步的紧密关系。所以她读书的面就由文学扩展到文史哲各方面，其中也包含科学史。她认为，"这样课堂教学就不仅仅是知识的、事实的简单的堆积，而是需要把知识产生的过程、与生产的关系及核心概念的进程等关联起来，而这就需要广博的视野，并能有逻辑的、科学的表达。"

胡老师认为她自己的书写能力比较欠缺，"中学教师不看重学术成果的发表，但如果坚持慢慢写，其实能力就会提高。"她回顾自己的发展历程，认为"读硕士阶段已经有了成果转化的意识，但学术表达能力还比较弱，与真正的学术研究还有很大的距离，因此也就远远谈不上形成自己的学术观点。但经过十多年的一线实践，已经具备了丰富的教学经验，实践性知识是具备的，也就具备了研究

的基础。读硕后，回归课堂，能有意识地追溯行为背后的意义，这对促进研究能力的发展是很有帮助的。"胡老师通过理论提升，经由自身的内驱力，使中学化学教学经验得到了精加工。对此，她提出，"如果能这样去做，专业自主性就能得到发展，就有可能去创新，进而生成理论。"

谈到当下的学术发展，胡老师说："我的生活和工作方式很单一，就是看书、思考、写文章、备课、上课，教学的过程其实就是将自己的一些思考和学生交流分享的过程。我没有特别的爱好，多年养成的习惯就是看书，最喜欢的还是文学、历史方面的……"胡老师喜欢现在的工作，因为"课余是读书，上课就是和学生分享交流自己的一些观点和思考，觉得很有意义，也很有幸福感！"

观点：研究是追问实践问题的能动过程

当我询问胡老师，她是如何界定和理解研究时，她说："我的专业是学科教学论，我所理解的'研究'就是不断地对实践问题的追问。作为教学论的教师，没有好的研究是搞不好教学的，只有不断深化自己的思想，你的教学才有生命力。例如，科学精神或品质是不变的，但知识更新是日新月异的，知识与生活的关系越来越紧密。学科教学论不断要把这些新的东西引进来，要有前瞻性。同时，要尽可能地用教育教学的理论去关照实践，通过对实践问题的分析思考，创新生成新的理论，再指导实践。这十几年，通过学科教学论研究者和一线教师的共同努力，学科教学论也呈现出蓬勃发展的态势。课程改革倡导教师要成为专家型、研究性教师，如今中学教师的研究水平远远超过了过去。国家在中学教师的学历提升方面有很多政策，学硕、专硕、农硕、特岗计划等，不同地域的教师都有特色鲜明的培养模式。我想，这些教育政策的最终目的，都是通过提升教师的专业能力，提高教学研究能力，从理论到实践，促进基础教育课堂教学质量的提高。"

"这几年的工作主要是学科教学论的研究和教学，从当年一个一线教师转变为教师教育者，教学生，既是促使自己做研究，也是带着学生学做研究的过程。所以从实践问题出发，从经典的教育教学理论中获取思想的启发，在实践中再加强理解，从实践到行动，这种专业成长的过程就是能动的行动过程。"

第 7 章 来自学校平台的助力

教师兴，则教育兴；教育兴，则国家兴。迈向第二个百年奋斗目标的新征程，教育承载着培养堪当民族复兴大任时代新人的神圣使命，承担着满足人民群众对更高质量教育期盼的重大责任，迫切需要一支高素质专业化创新型教师队伍。[1]

我国拥有世界上最大规模的教育体系，由1800多万教师支撑。其中，基础教育的教师有1586万人。教师是教育的第一资源，是建设高质量教育体系、实施高质量教育的根本力量。目前我国已建成全世界体量最大的基础教育教师队伍，教师数量少、教师规模小的问题得到了历史性解决，教师职业吸引力明显增强。进入新时代，基础教育教师队伍建设的主要矛盾正在从数量不足向需要提高质量转变。而全面建设高质量基础教育教师队伍是一项系统性、综合性、艰巨性的复杂工程。[2]调研显示，学校氛围对教师专业的发展

---

[1] 任国平，程路. 以高质量教师队伍支撑高质量教育体系建设——访教育部教师工作司司长任友群［J］. 人民教育，2022（5）：29-32.
[2] 程建平，张志勇. 高质量基础教育教师队伍建设的任务和路径［J］. 教育研究，2022（4）：32-36.

影响大于教师的学历水平，学校氛围是良好专业表现的重要支持条件。因此改善学校氛围等软实力是提高教师专业发展水平的重要手段。① 现代学校制度要求"将人放在中央"，学校要为人的全面、充分、自由、持续发展服务。这种服务对教师而言，既要保护教师的相关权益，又要通过富有活力的内部管理，为教师提供更多的时间、自由与团队支持，激发教师的热情、想象力和创造力，使他们的工作成为自我发现、自我肯定、自我成长的过程。②

从我三十多年从教经历的切身体验，特别是通过这次对16位教师的访谈，我越来越清楚地认识到：学校这个平台对教师的发展影响重大。我承认，有的教师有很强的自我发展的内驱力，无论学校氛围如何都不会阻挡他们自我实现的步伐。但通过在上游学校6年多的实践探索，我发现，有更多的教师需要学校平台的感染、促动。没有学校平台的促动，自我发展内驱力极强的个别教师依然会实现他们的发展目标；但是有了学校平台的促动，会让一大批教师实现专业发展，这种发展甚至将超出他们的预期，超越他们原来认知到的目标。因为一旦个人潜藏的向上的内在动力与学校文化、管理服务的外在拉力结合后，将产生化学反应，催生出持续迸发新动能的更强力量，而且这种力量的走势是由弱渐强、由小到大、由少至多的，是学校文化氛围的传染力、先行者示范的引领力、各种专业活动的扩张力尤其是学术研究活动的冲击力，这些力量彼此交织，相互作用，当一以贯之、持续反应，经过一天又一天、一次又一次的聚力，渐渐就产生了波涛汹涌的推动力，更多的教师将被这种力量裹挟，身不由己地向前进！

本章讲述了3位教师走上研究道路的故事，他们就是在这样的学校平台起步的。他们都是上游学校的教师，也是上游学校学术起步的教师代表。他们自身原本就具有研究的潜能，只是缺乏促动力。"在教师专业发展方面，中西部欠发达地区和农村比较薄弱"的观点，我们不止一次在各级各类文件和不同专家的论述中看到过，这是客观事实。但我想说，无论是在中西部欠发达地区还是在广袤的农村，教师身

---

① 王洁，宁波. 什么因素在影响着教师的专业发展？——中小学教师专业发展测评的背景，发现与改进路径［J］. 人民教育，2019（11）：31-34.
② 陈学军. 关系：现代学校制度的本质［J］. 江苏教育，2015（1）：25-27.

上都蕴藏着成为高质量教师的可能性，想方设法帮助他们走上研究的道路，能促进他们实现专业发展。当然，这需要不遗余力地采取积极行动，即使启动之初甚为艰难，甚至不被理解；即使是过程之中甚为波折，甚至阻力重重。作为改革者要始终清醒地认识到，任何变革、任何改进都不是容易的事，都难以一帆风顺，尤其是改变人的固有观念和行为习惯，更无法一蹴而就。但只要能在整体上坚持营造主动变革的文化氛围，不断促进教师转变观念；只要能在局部坚持培养、积极分析，让他们作为先行者做出示范；只要能在过程中坚持批判性思考，善于总结、反思，乐于分享，始终具有开放的、不怕暴露问题的心态，具备不怕丢面子、有刮骨疗伤、壮士断腕的勇气；只要始终秉持赤子之心，始终坚持自律严谨、热情服务，用实际行动做出表率，我相信，撬动固有观念、撼动惯性行为、拉升变革的自觉意识和主动行为都是可能的。对此，上游学校6年多来的改革发展成效已经做出了有力回应。

让我们秉持一切皆有可能、事在人为的信念，坚信教师专业高质量发展之路！

让我们努力为教师搭建更有助力的学校平台，让他们在教育的田野上幸福地躬耕。

让我们携手在研究的道路上共同创造高质量的学校生态，拥有高品质的教育生活。

第1节　凭借认真的好习惯，顶住压力走上研究道路

张习芳是第3位接受访谈的教师。她是上游学校高中语文学科的教研组长兼2021—2022学年高三年级的备课组长。此前，上游学校初高中语文教研组没分开时，她连续担任了几年语文大组的组长。可以说，在初高中6个年级语文学科的日常教研与教师专业发展方面，她做了大量工作，倾注了很多心血。校刊《上游教育研究》2021年第3期（总第16期）曾刊登过她的一篇文章《"服众"与"负重"》，写的是她做教研组长的感悟。她认为，要想服众，就得先负重。[1]

2022年5月初，我打电话邀约她进行访谈。当我简要地介绍了访谈主要是了解她"怎样走上研究道路的"，她笑着脱口而出："我是被你逼着走上研究道路的。"习芳老师的话带给我很多反思……

读者朋友，您想知道，习芳老师究竟是怎样被逼着走上研究道路的吗？

自述：到上游学校后才开始真正做研究

针对"怎样走上研究道路的"访谈问题，习芳老师的回答高度结构化。她说：

"对教学理念、方法、策略开始系统、深入、有方法、有意识地做研究，是到了上游学校以后的事。"

---

[1] 张习芳. "服众"与"负重"[G]. 上游教育研究，2021（16）：88-89，96.

"说起来，走上研究道路的原因，我觉得，主要有三点。"

"第一是有压力。2017年，我加盟上游学校。刚来，学校就布置了寒暑假研究性作业。记得作业是学习学校关于改革的理论文章，然后写出自己的思考。对作业有一种敬畏感，一定得认真完成，这是我从小就养成的习惯。如果说，这算是研究启动的话，那我的研究动力始于完成作业的压力。"

"第二是有氛围。上游学校一直走在改革的路上，如果你身边大多数人都在积极探索结构化教学改革，而你却在门外，就会觉得自己被边缘化了。这样的氛围有潜移默化的作用，会不知不觉拉你入局。"

"第三是好奇心。后来，我加入了特级教师马文科老师的名师工作室，他主要是研究'走心语文'。这个阶段，中小学语文界也都在做主题阅读，上游学校又推进结构化教学。身处其中，我很好奇，想搞清不同的教学理念有何异同，孰优孰劣。"

追问1：到上游做研究和之前有何差异

习芳老师的陈述很简短，为了挖掘她走上研究道路的故事，我只好就着她的话追问。为了明确研究的层次性，首先，我把自己对研究的理解概述了一下；其次，为了了解她在不同阶段研究的差异性，我循着她的观点提出了问题。

我笑着说："我也有颗好奇心。你说'系统、深入、有方法、有意识地做去研究，是到了上游学校以后的事'。那么，此前，你的研究是什么样的？你觉得两者之间有什么差异？这些差异又是怎样体现出来的？"

"在中卫中学时，学习的机会也是比较多的。不过，改革喊一喊，热乎几天也就过去了。比如，我们曾经去河南的西峡学习'三疑三探'。但我其实不是打心眼里赞同这种教学方法，因为我觉得纯问题化的'三疑三探'并不利于展现语文学科的人文性特点。为了评职称，我也写过论文，主持过课题，获奖证书拿上了，职称评上了，也就过去了。论文也好，课题也罢，都不成体系。和上游学校一直在做的结构化教学相比，以前的学习以及所谓的研究都是碎片化的，没有一以贯之的核心。基本上是一会儿一个说法，甚至有时是好几个说法，虚假的热闹一阵子罢了。"

"我只是无意识地按自己的教学风格摸索，也没有深入。说实话，我以前很少想到研究。从内心来说，我是惧怕理论这个东西的。到上游学校之前，我很少看教学理论方面的书籍。所以，对理论也理不出个头绪来，感觉总是浅尝辄止。"

"对于上课，有的时候上得很顺，很愉悦，自我感觉特别好，就会自发地找这种感觉，尤其是有时候课上得郁闷，我就会反思：为什么这节课效果不好？哪个环节出了问题？怎么处理才能更好？"

"之前评课时，我们主要是评优缺点，感觉这样会更好。在中卫中学，公开课我上得多，也算有自己独特的教学风格吧，对周围的人也会有些影响。到了上游学校以后学习结构化教学，认真了解了什么是结构化之后，发现我之前的教学中其实也在用结构化，只是没有这种概念。后来，开始对自己的教学经验进行了提炼和归类，在对比反思之后，我恍然大悟：原来这就是结构化！"

"以前，我是自发地想解决自己课堂里的问题，所以，很关注自己上课的感觉。以前写教案，关于教学反思，更多的是想一想，不会形成文字，如果学校有检查，也是突击一下，把反思补上。我是个比较懒的人，课上得不舒服了，会追问几个为什么，但并没有深入地综合思考。只是下次备课时，会吸取经验教训，有意识地去选择最优策略。"

追问2：对研究的界定、理解与感受

顺着研究这个话题，我继续询问习芳老师，请她谈谈对研究的界定、理解与感受。她说：

"界定研究，我觉得，应该是有成果的。自我评估，在研究上，我没有什么成果。所以，一直觉得自己不是研究者。"

"当年，我没报师范，是被调剂到师范专业的。上高中时，我的语文学得并不好，当知道被调剂到师范专业时，还哭了一鼻子。我是很被动地走上教师岗位的，而且也没啥大目标。但是，既然当了老师，就得对得住自己的良心，而且也希望自己干得开心。所以，我觉得，只要当个好老师就行了。当组长，都觉得是个负担。"

"我感觉，自己是个没有大理想的人，是属于内动力不足的一类人。在教学成绩上，也是属于小富即安的人。不过，对于每一堂课，对于每一个学生，绝对是尽心尽力的。因为，这样才能当个好老师，才对得住自己的良心。除此之外，也没有主动追求必须达到哪个阶段或什么层次。"

"其实，完成作业的过程是有压力的，是有压迫感的。但是，我打小养成的习惯就是作业得认真完成，不能随便应付。"

⚛ 追问3：课堂教学从郁闷到愉悦的做法

我对习芳前面讲到的，课上得郁闷了就反思，并自发地找愉悦的感觉，非常感兴趣。为此，我追问她，怎样做才能让自己的课堂从郁闷到愉悦？

"即使课备得充分，第一次上也总会有这样那样的缺陷，第二次上会相应做一些调整，会比初次上效果好。所以，这一年在高三，排课时，开始9班的课一直排在第1节，10班的课一直排在第3节或者是下午，后来我就找年级干事马老师，请她帮忙调整，能不能轮着先上？3天先上9班的课，3天先上10班的课？这样对学生才公平。"

"您问我怎么判断并做出调整？主要是观察学生的反应。也就是根据学生的反应，反思哪个点抓得不对？哪一点应该调整？例如，如果课上得特别沉闷，打瞌睡的人多，我就会反思：是不是没设计到位？怎样才能抓住学生的兴趣点？从学生的反应反思自己的设计，及时调整，整体上就会好一些，也会觉得舒服一点。"

⚛ 追问4：课堂教学前后对比出现的差异

习芳老师的课上得好，她多次被上游学校校刊《上游教育研究》约稿，撰写课例。我非常想知道，这些课例与她未加盟上游学校之前执教时有哪些差异以及其中的原因。

为方便读者朋友全面了解情况，我先把上游学校校刊向教师约稿的背景介绍一下。

背景：各类教研活动中的好课都会被约稿

上游学校建校前3年，也就是2016—2018年，每年初高中各增加一个年级，所以每年都有一批教师走进学校。为全面了解每位教师的专业水平尤其是课堂教学情况，前3个学年的每个上学期都会组织全员录课，下学期则会组织全员公开课。

具体来说，全员录课就是教师发展中心的干事扛着摄像机，根据课表，走进每间教室，实录每一位老师的课，进行课堂观察，建立专业成长档案。首先，根据课表，全天在一个班录制。内在假设是学生不变，当教师变了，看学生的状态是否会变。其次，录制后期是对照岗位表和课程表跟随教师录制。因为有的老师带的班多，如理化生、政史地、体音美、信息技术、心理健康等。按照学科，走进不同的班级，内在假设是学生和教师都变了，但同一个学科的课程内容没有变，看学生学习的状态是否会变。

因为我们的干事不是专家，所以观察点是学生是否出现游离，也就是看学生是否存在人在心不在的情况。毕竟，无论教师讲得多么动听，只要吸引不了学生，就等于零。因此，课堂观察重点是以游离学生的人数作为针对性帮扶与持续跟进干预的指标。如果游离人数在2人以内，就请授课的教师拷贝视频，自主进行分析，并做出反思；游离人数达到3人，就请备课组长和执教教师一起看视频，共同分析并改进，同时还会跟进录制；若游离人数在5人以内，我会跟进听课，一起查摆原因；如果游离人数大于5人，则全组教师和我一起听课，共同聚焦分析课，在集体备课后，迅速跟进再听课。在干事录课的同时，我则以学科为单位听课，人多的学科，两天内就能听一轮（前两年年级少，一两天内初高中某个学科就能听完），然后我会参加组内的教研。此外，干事会将录课情况进行汇总，每天和我一起分析课堂观察的情况，并将课堂观察登记表分享给各个教研及备课组。每天，我也会和录课的干事进行交流，主要是请她说说听谁的课最难忘，原因是什么，等等。

全员公开课则是教师自主报执教课题、授课时间、班级、地点等信息，教师发展中心汇总并统筹安排后，向全校公布，并且提前一天以温馨提示的方式，在校内周知公开课的执教情况，全校教职工可以自主选择去听课。全员公开课干事也会全程录制，一是留存资料，用作对比分析；二是供教师留存，以便自主研究；三是供教研组做课例分析用。

随着初高中6个年级的健全和教师岗位的稳定，前3年磨合期结束后，从建校的第4年开始，第一阶段采用的全员录课和公开课等全面测查性课堂教学活动告一段落，取而代之的是分层的教学展示与竞赛等活动。如为了加强专业引领，连续两年组织了"名师骨干高级教师结构化教学展示活动"，而且第2年，在课堂展示后，还增加了主题汇报。也就是名师骨干高级教师要先上课，然后汇报自己的结构化教学思考等。因为上游学校青年教师多，所以35岁以下的教师则参加"青年教师结构化教学片段大赛"等。

无论是全员录课还是全员公开课，无论是"名师骨干高级教师结构化教学展示活动"还是"青年教师结构化教学片段大赛"，凡是发现精彩的课，我们都会向执教教师约稿，请他们写出教学课例或教学设计，在校刊《上游教育研究》上刊登，促进校内经验分享，加强示范引领的作用。

数据：5年内在校刊发文10篇

习芳是2017年秋季加盟上游学校的，是2016年学校创办后第二批加盟的教师。她的课我听过多次，每次感觉都很有新意，非常难忘。她的课不仅我喜欢听，前后承担录课任务的3位干事每次录完习芳老师的课都会兴奋地和我说起习芳老师的课和自己上学时的不同，她的课堂设计的新颖之处，学生学习的良好状态……

我统计了一下，自2016年校刊创刊，2017年上半年第1期印制以来，截止到2022年7月，校刊一共印制了20期。习芳从2017年秋加盟上游到2022年夏，5年内在校刊上先后发表各类文章10篇，内容涵盖她所说的假期作业、教学课例、课型研究、教研组长经验总结以及外出学习收获等。仅在全员录课、全员公开课、"名师骨干高级教师结构化教学展示活动"后，就曾先后3次被校刊约稿。她执教、撰写并刊登的课例主要有：《巧妙引领，激活课堂思维——〈祝福〉教学案例》（2018第3期），《结构化教学，让语文课堂灵动高效——〈林教头风雪山神庙〉课例分析》（2019第2期），《高中语文结构化教学实践策略——以〈谈中国诗〉为例》（2021第3期）。

回应：从《谈中国诗》对比前后执教的差异

《谈中国诗》这节课是2020年11月26日，习芳老师在校内"名师骨干高级教师结构化教学展示活动"中执教过的一节课。记得那天上午的第4节课，她现场执教时，我坐在教室的侧前方，全程进行了课堂观察。

2021年春，在撰写《论基于结构化教学的教研组长领导力调查与分析》[①]一文时，结合当时的课堂观察笔记，我又看了一遍《谈中国诗》的教学实录。

2022年春，应邀为宁夏盐池县教体局招聘兼职教研员时，我承担了命题与高中组的评委工作，为了测查课堂分析能力，专门选择了几节上游学校的结构化教学的课堂实录作为课堂观察的材料。其中，高中组各学科应聘者看的就是习芳执教的《谈中国诗》这节课的教学实录。坐在考场内，我第3次看了这节课。同时，还仔细观察了考场内参加考试的高中各学科教师们的反应。我发现，大家看得都非常投入，无论是上游学校文科课堂专设的"课始5分钟"学生展示，还是学习活动伊始的诗句接龙活动；无论是对课题的追问与深度分析，还是带着问题进行文本分析……眼神不太好的老师，甚至主动提出要搬着凳子往前坐，以便近距离观看。直到实录中，小组合作活动时，有的教师才看手中的卷子，有的教师才开始答题。

习芳老师执教的《谈中国诗》这节课的课例曾被组稿，作为结构化教学专栏文章中的一篇，刊登在2021年《当代教育与文化》第4期[②]。组稿中，我曾对这篇文章有过编辑审校，所以印象格外深。

我很好奇，习芳执教的这节课，与没有应用结构化教学理论之前相比，发生了哪些变化？所以，请她就此谈一谈。

"学习了结构化教学理论后，在执教《谈中国诗》时，我思考的重点是教学实践如何和结构化理论挂钩。以前，很多老师都把《谈中国诗》当自读课处理。实际上，上公开课，老师们一般不会选这一课上。我觉得，凡能被选入课本的都是经典，上公开课的时候，赶到哪一课就上哪一课，一般是不会轻易放弃某一课

---

① 刘历红. 论基于结构化教学的教研组长领导力调查与分析[J]. 当代教育与文化, 2021（4）: 75-81.
② 张习芳. 高中语文结构化教学实践策略——以《谈中国诗》一课为例[J]. 当代教育与文化, 2021（4）: 82-86.

的。同时，我上公开课的特点是不上已经上过的课，我不喜欢干重复的事，更不会排练作秀。参加学校组织的'名师骨干高级教师结构化教学展示活动'时是高二的第一个学期，刚好上到这个单元，刚好上到这节课。而且，我也喜欢钱锺书先生的语言。但之前上这节课，主要是把这篇文章当作诗歌的辅助性资料使用的，课上得比较枯燥。这次我一直在思考，怎么能跟结构化联系上？反复读结构化教学理论后，最后确定从对标题的解题入手，在内容上加强比较性的设计，把对比当成理解的方法，把比喻作为论证方法的重点……"

历红感悟：中小学教师研究潜能待挖掘

习芳老师走上研究道路的故事带给我很多思考。我认为她走上研究道路的故事，在中小学教师中很有代表性。

从习芳老师的故事中，我们可以发现，尽管她从工作后没有立志成为研究型教师，但因为从小就养成了认真的好习惯，所以哪怕是学校布置的学习教育改革的理论文章，结合实践撰写学习心得的假期作业，她都不仅认真完成了还被校刊登出来，在校内发挥着引领作用。尽管她从小并没有当老师的梦想，是被调剂到了师范专业，且作为语文教师，她自认为高中阶段的语文学得并不好，但因为总希望自己的课能上得愉悦，所以课堂中她总会关注学生的反应，根据学生学的状态及时反思教学设计上的问题。在潜意识中，也总会主动选择更好的方法，并及时做出调整，让课堂从郁闷走向愉悦。尽管她说自己没什么大目标，对成绩也是"小富即安"，做组长都觉得是个负担，但是一旦挑上了担子，无论是担任备课组长还是教研组长，她认为要想服众就得先负重前行，要在各方面做出榜样，如率先上公开课，多分担组内的各种任务……而且要保持开放心态，才能做好表率、带好队伍。①

我从不到18岁走上教育教学工作岗位，到2022年在中小学领域已经工作33年。从小学体育教师到大队辅导员，从县（区）政府督导室科员到教育发

---

① 张习芳. 保持开放心态——高中语文组特色之源[G]. 上游教育研究，2022（2）：59-62.

展研究中心教研员、科研员，从教学岗位到管理岗位，从小中专毕业到博士毕业，认识、了解以及深入交往过的中小学教师数以千计。我发自肺腑地认为，中小学教师身上蕴藏着巨大的潜力，拥有无限的可能。

建设环境是把学校一眼望得到头的日子，通过主动变革、全面变革、全员变革，营造主动求变的文化氛围和学校环境，让教学变革和新时代日新月异的发展成为有机整体，在追求教育变革、实现自身变革的过程中，促进自身成长，抚育时代新人。这应该是对校长提出的要求与挑战。

坚持求新是把循环往复传授知识的日子，通过求新求异、求学生喜欢、求自己开心，建设追求创新的课堂文化和教学特色，让教学成效和学生健康可持续发展成为有机整体，在追求"教师课上得巧、学生才能学得好"的过程中，不断地发现问题、解决问题，走上研究道路。这应该是对教师提出的要求与挑战。

当然，在校长和教师之间还需要搭建起一座桥梁，就是要有学术引领的中坚力量。这支队伍最好是既能熟悉课堂教学又能驾驭研究路径，能真正帮助中小学一线教师打通研究的任督二脉，通过结合教学实践的总结、反思、挖掘、提炼，掌握学术转化的方法，通过示范、指导、交流、服务等，能挖掘出日常教学中所蕴藏的闪闪发光的金子，让教师们在挖掘宝藏的过程中，不仅自己有更多的成就感，而且还能带给伙伴乃至同行更多豁然开朗的收获与启发。

初高中老师学历起点高、知识底蕴厚、研究基础好，但是教学任务重、升学压力大，所以转变认知尤为重要。研究不是另起炉灶，而是紧密结合自己的教育教学工作，研究学生、研究教材、研究教法、研究学法、研究考点、研究考题……只要研究意识强了，只要效果发生变化了，只要能主动追问为什么要变、用什么方法去变、并把前后变化的效果等挖掘出来，就是在做研究了。

研究就是帮助老师们在日常教育教学中，发现问题，解决问题，从郁闷到愉悦的过程！

第2节 在琢磨和探索词块教学中走上研究道路

刘晓静是第6位接受访谈的教师。她是上游学校的初中英语教师兼年级备课组长。这本书很大程度上是因她向我提出了写作建议。就本书的产生而言，我应对她表示感谢。

我们的沟通是从晓静老师一段一段的回忆开始的。

回忆1：在英国留学期间寻找词块的根

"说起走上研究道路，应该是因为词块教学……"听着晓静老师的陈述，我被她带入对往昔的回忆中。

"我是2016年加盟上游学校的，到上游学校前，我获得了国家基础教育委员会到英国短期留学的奖学金。2017年1—4月，我在英国布莱顿大学学习。学习期间，因需准备毕业论文，3个月内，在老师的引导下，我不停地穿梭于学校图书馆，在借阅书籍的过程中，我发现了阅读的魅力，并开启了读书之旅。由于版税的原因，英国当地零售的纸质书每本300～500元人民币，在'爱上读书'和'高昂的书费'这双重动力下，我用心定位自己真正需要并有帮助的书。其中，有一本米歇尔·李维斯（Michael Lewis）写的《语块教学法》（*The Lexical Approach*），在略读中我看到了'词块'（Lexical chunks）这个词，以前，不知道'块'（Chunk）是什么？在书里，发现'词块'与我正提炼的教学方法高度契合，便欣喜地把它带回了国，并立即开始理论联系实际地实践。虽然在英国学习的几个月里，学到了很多以前不知道的概念、理念。但是，现在回忆起来，当时对海量的西方课堂教学理念和方法等并没有理解透，回国后在课堂上多是盲目地拿来主义、生搬硬套，自己都觉得不舒服。经历了很长一段消沉期后，我又回到了书里，回到了教材中，回到了我们的国情中，一点点地磨合，一点点地实践。"

"在这个过程中，我就想，怎么给词块教学找个小出口？"

回忆2：读书为我打开了一扇又一扇窗

"上游学校的学术氛围很好。2016年以前，我虽在其他单位已经工作了11年，但几乎没有听到过课题研究，身边的人也没有真正静心写论文，更没有人著书立说……那时的生活每天都是一样的。但是在上游学校很不一样，好似挤地铁时被人群涌动着向前一样，不知不觉地前行着。你能感觉到自己的能力迅速地在往上提、往上拔。不仅是能力，还有思想、行为。我觉得，在学术包围的大环境下，也就是氛围到位之后，对读书、研究、精进的渴望，在上游明显比在其他地方大得多。到上游学校前，我不怎么读书。到了上游学校之后，读的书越来越多。虽然有的书也不是很懂，但读书帮我打开了一扇又一扇窗……读书这条路是上游学校帮我打通的。"

"到上游学校之后，结构化教学一直让我挺挠头的，感觉不太容易抓得住。在英语教学往结构化教学上靠的过程中，我一直觉得有一定的困难。2019年，我们送走了到上游学校后的第一届毕业生，学校组织我们毕业年级的老师到云南师大研修。培训时，孙杰远教授在报告中介绍了很多特别好的书，有哲学的、教育学的等。当时，我在网上下单，一口气买了七八本，孙老师介绍的书拓展了我的世界。现在回忆起来，阿兰·德波顿的《哲学的慰藉》、威廉·B.欧文的《生命安宁》、加措的《一切都是最好的安排》让我的心静了下来；《伊丽莎白二世》、米歇尔·奥巴马的《成为》、梅耶·马斯克《人生由我》给了我力量；《终身成长》《了不起的我》《学习的逻辑》《成长型思维》让我有了全新的思考方式。这些书籍在不停地帮我拓展着认知边界。也买过王力争校长推荐的书，还到您的办公室借过书。在读书的过程中，我发现自己慢了下来，开始观察自己的工作，审视自己的课堂，反思自己的教学行为……我感到，读书搭建着自己教学的台阶。"

"就这样，不停地学习，不断地读书，我的眼界一点点地打开了……"

回忆3：当上备课组长后我感觉成了您

"2019年后，我当了年级备课组长，我看到了自己更多的变化。以前，只能影响自己的课堂，当了组长后，听课的时候思考的就不单纯是自己的课，还有组内老师的课，同时，听评课也为我提供了一个全新的平台来取长补短，甚至是在不断地打破自己的思维局限性。"

"词块教学最初是当成百词斩用的，但经过连续3年带毕业班的经历，让我感到词块教学在我的教学中用得很顺，3年英语学习的内容经过结构化的提纯，知识被高度结构化了，学生学起来轻松了很多，成绩提升也很快。担任年级备课组长后，我也有了发声的平台。3年中，组内教学、备考都有了自己的影子，感觉影响广了些，也有了自信心。渐渐地，我开始明白什么是从课堂实践到专业研究。反思来上游学校之前的11年，好像是闭门造车，整天除了在学校上课，就是在校外疯狂代课，不传输，也不分享，更谈不上思考和精进……"

"在探索结构化教学过程中，我总想着：怎么能在最短的时间内把知识高浓度的给学生，这逼着自己思考：怎么传输？传输什么？怎么助力学生输入、输出？尽管最初对词块教学整体都很模糊，只想着把单词串成词组用，但并没有明确是'词块'。去了英国学习，到了上游学校探索结构化教学，才逐步明确了'词块'这个概念，才逐步清楚如何将'词块'应用在逻辑结构稳定的语言教学中的，因为明白了逻辑结构，才知道该把每个词块放到哪里去。"

"当了备课组长后的这几年，也才明白您从2016年起，为什么总是拿着小蓝凳子，一个班一个班地听课，一个老师一个老师地听课，明白了这个行为背后的深刻含义以及到底有什么作用，渐渐地才理解了您的严苛。当了组长后总在想，带着组里的人应该怎么抓教学。这时候对您很多的做法才有了共鸣，有了和以前不一样的认识。我感觉，现在的我好像就是当年的您。您其实是以身作则，是用实际行动引领，把想传达的东西，自己先做出样来，让大家看，让大家顺着往下走。在上游学校，总有前行的人引路，这一点真的很不一样。"

结构化：词块教学的结构、做法、成效

词块的概念和类别

词块（lexical chunks）引自美国作家米歇尔·李维斯（Micheal Lewis）在1993年出版的《词块教学法》（*The Lexical Approach*），米歇尔·李维斯认为词块是语法结构完整、语义明确、固定或半固定的单独词、两词及两词以上的组合单元，包括词组、从句和句子框架，它以一个整体的形式储存在人的大脑中，是融合语法、语义、语境优势的固定或半固定的语言结构。

"极其稳定的结构，都可称为词块。"

"词块教学，主要分4类：

第一类，单字词和多字词（Words or Multi-word Items）。单字词是词块中相对较小的指代单独一个具有完整意思的词，如：Open，Certainly。多字词指代由几个词聚合表达一个意思，如：Turn right。

第二类，词语搭配（Collocations）。通常指代一些高频、反复出现的成对或成组出现的固定搭配，如：catch a cold，make a mistake。

第三类，固定表达（Fixed Expressions）。词汇教学法注重的词汇目标之一就是语言惯用句型表达，而且将这种表达又分为全固定（Fully Fixed）和半固定（Semi-Fixed）。

第四类，半固定表达（Semi-Fixed Expressions）。较多出现于英语口语或者书面语中，且均为半开放填词。

词块既降低存储难度又提高提取速度

"关于词块的解释有很多。我认为，初中所学的知识孩子们很容易掌握。说实话，我不是很勤奋的老师，也不想让孩子们花很多的时间学英语，所以课堂占90%，课下占10%。我不提倡作业量特别多，所以我紧抓不放的就是词块。我带

的班成绩不错，每个周末就是练词块的汉译英，不断重复，通过它，英语学习的听、说、读、写、译都能打通。2020年，我全面着手词块教学，第一次主持了校内和市级课题。2021年，我带初一，面对新的学生，我重点从稳定的逻辑结构抓起，让孩子明确主、谓、宾、状语等的位置，词块成为最好用的工具。学生用词块完成一个相对复杂的简单句口语表达只需要3个词块。因为使用词块降低了提取单词的难度，每次输出一下子就能拽出2~4个单词。对孩子来说，一方面降低了存储单词的难度，另一方面加快了提取的速度。同时，学生的口语输出也很好，而且成绩很稳定。我知道，要想赢得中高考，需要帮助孩子提高输入、输出量。每天，我鼓励孩子们读15~20分钟英语，读的内容就是词块。练习时，通过一张A4大小纸张的中文词组、句子、文章提示，努力在5分钟内让孩子翻译完正反两面。经过这样的练习，大约15分钟就可以完成约1500字中英文转换。每周末回家，我们会用翻译法，沿用这个方法，练习口语输出至少1500个词。运用词块，输出量远远大于别的方法，既省时间又省力气，能让孩子在有限的时间内顺畅地调用并巩固所学，也会帮助语言学习者完成从简单句到复杂句的自然过渡，帮助学习者更地道地表达。"

从词块到用词块规范课堂教学

"现在，我就是按词块的方式规范课堂，非常明确地让孩子知道：词块是什么？它的结构是什么？经过这样的刻意训练，孩子们形成长难句的比例明显高于其他班。我认为，学生们表现出的良好成绩和能力是词块在起作用。"

"2019年，学校组织我们到芬兰和丹麦研修。在芬兰，我看到有的学校一周开3~4门外语课，但学生学起来游刃有余，而且口语可以彼此交流。那时我就想，我们教英语，可不可以帮孩子不用花那么多的时间也可以达到交流的水平？那年，我接手了新的初三，一个英语学得很差的孩子对我说，'英语学习真的好难'。我就一直反思和追问：英语学习真的很难吗？怎样做才能在有限的时间内，让孩子捕捉到清晰的结构？我想帮所有的孩子，让他们能从非常低的门槛走进英语学习的大门。运用了词块教学，那个孩子在初三的那一年里，英语成绩突飞猛进，学英语的兴趣也提上来了。"

历红感悟：研究就是一种创造性的工作

在上游学校结构化教学的大背景下，晓静老师这几年一直在琢磨和探索词块教学，从自发到自觉，从零散到系统，从摸索到明确，从2020年主持校内课题到2021年市级课题立项……很有幸，我目睹了她一步一个脚印跨过研究门槛的过程。如今，我满怀期待，相信她一定能实现学术转化，在更大范围内发挥出实践影响力。到那时，相信她的探索能促进英语教学论的发展。

有人说，老师的工作就是一轮一轮重复地教知识。晓静老师也说，在到上游学校之前的11年里，她的教学生活状态是一成不变的。但在上游学校，她感受到了和以前的不同，感受到了自己的变化。

写晓静老师走上研究道路的故事是在7月底、8月初，恰巧学校因几位老师离职，我又开始组织和主持招聘的面试。在上游学校招聘教师、教辅人员的过程中，我们一直从"专业知识、专业技能、专业情意"3个维度测查应聘者，一直在寻找"有趣的灵魂、会发光的人"……

几年来，通过一场又一场的面试，我们发现，有自觉、自发研究意识的人会积极主动的、坚持不懈地反思、调整和完善自己，因此无论是在专业知识上还是业余爱好上，他本人及身边的人总会感受到他的成长。但有些应聘者，日复一日、年复一年重复同一种思路，重复同一种行为模式，对教学中的问题似乎早已陷入麻木，对学习成效似乎也早已陷入向外归因的思维定式，跳不出自己的认知小圈圈。惯性思维者被上游学校挡在了门外，未来，或许他们还会被AI智能机器人所取代。遗憾的是，对此很多人似乎也是麻木的，没有一丝一毫的危机感，居安思危离他们真的很遥远。对此，我常想，教师和准教师们怎样才能让研究的意识成为一种习惯？怎样才能潜移默化地帮助学生养成研究的意识和习惯，不断提高研究能力？

人性中有喜新厌旧的一面，如果教学中能尊重这种本性，或许就能从吸引孩子的角度、从促使孩子更好地学好与会学的角度审视习以为常的教学行为。晓静老师对词块教学的探索，对比此前她多年的教学而言，是有创新的创造性工作，对此她更多归因于上游学校结构化教学的大环境。前文中，上游学校的张习芳老师也持相同的观点。我想，假设正在读这本书的您所在的学校目前还不具备这样的大环境，那该怎样提高研究意识，怎样创造性地开展日常工作？怎样做，才能跨过研究的门槛走上学术之路？

希望读者朋友继续往后读，在看过16位教师走上研究道路的故事后，看一看，基于16位教师的故事提取出的规律性的要素、走上研究道路的内在机制，或许能回应上面的问题？

当然，若读者朋友静下来开始思考这个问题时，问题意识就会被启动；若能持续思考这个问题，问题意识就会被强化；当问题意识被强化后，思考的问题或许会越来越多、越来越聚焦、越来越困扰自己……而当我们开始行动，尝试去解决问题时，就会迈出研究的脚步。只要坚持求索，坚持想办法，相信就能逐步获得小小的成果。到那时，或许在不知不觉中，您就已然跨过了研究的门槛。

因为研究就是解决问题，解决问题则需创造性地工作。研究就是一种创造性的工作。

第3节　迫切想改变时在学校助力下走上研究道路

蔡维君也是上游学校的一名教师。2018年，他辞去公职加盟上游学校任高中语文教师。2021年，他和对子班班主任哈斌老师以打通班级界限、同侪合作的团队凝聚力，创造了上游学校建校后首次文科学业成绩反超的突破，双双被提拔为年级主任。

蔡老师是我访谈的第15位教师，或许是上游学校的教师大都已深受结构化教学、结构化思维的影响，蔡老师的结构化意识也很强，他将自己走上研究道路的过程分为机缘巧合、专业阅读两个阶段。机缘巧合阶段的几件具体事，按他所言都与我有关，而专业阅读则是他主动钻研语文学科教学论的体验与感悟。

亲爱的读者朋友，您是否想知道：蔡老师走上研究道路的机缘是什么？为何在他这里能产生所谓的机缘？我在中间究竟扮演着什么角色？我为何不将本节的题目定为"校长的助力"或"个人的影响"，而是界定为"学校的助力"？是我有意低调处理，还是其中蕴含着更深层次的原因？此外，当他跨过研究门槛，进入专业阅读阶段，他研读了哪些专家的学术著作？选择的出发点是什么？有没有遇到阅读困难？有何阅读收获？成效怎样？……

请读者朋友带着问题走近蔡老师，看看从他走上研究道路的故事中，能否找到答案或是另有发现？

机缘巧合：因几件具体事迈过研究门槛

教语文的蔡老师讲述起自己的故事清晰而流畅。"我从西北师范大学毕业后到育才中学任教，到2017年，在那里已经工作了11年。2018年，我加盟上游学校。起因是对原来的工作状态不满意，迫切地想要改变。到了上游学校后，有几件事都和您有关，您是我做研究的引路人。"

通过第一件事，产生了走上研究道路的契机

"第一件事，是刚到上游任高一班主任，考虑到原来在育才中学带的是南部山区的学生，家庭比较贫困，但听话，入学阶段班主任的主要任务是帮孩子适应城市生活，但教育方式是陈旧的。暑假我就在思考，上游学校的学生是城里娃，我要怎样调整才能适应，才能做好工作？所以假期就做了很多准备。经过暑期全体教职工通识培训，进入军训，针对寄宿制特点，我从班级管理策略、班会设计、积极参与年级活动以及家校沟通等方面做起……军训结束后，就写了篇文章发给您。[1] 您看后回复'可以发到校刊上'，这让我非常受鼓励，激发了我写文章的热情。通过这件事，我理解了研究是做出来的而不是空想出来的。这就是走上研究道路的契机。当时，负责编辑部的教师发展中心的干事徐霞老师联系我，问我要不要进入编辑部？当时您鼓励我，要一步一步地走。我自己也想知道发表文章的标准，因此就进入到校刊编辑部，这是一个非常重要的平台。"

通过第二件事，真正走上了研究道路

"第二件事是2018年11月前后，学校组织银川市2018年度规划课题申报工作。当时，我不知道怎样做才能申报，刚好您利用晚上的时间对学校想做课题的老师进行指导。我记得，当时您还要组织一个赛事进行选拔，就把我们4位老师召集到综合楼。在此之前，在暑期培训时您也曾利用晚上，组织想做科研的老师

---

[1] 蔡维君. 培养核心素养，从军训教育管理开始——以三沙源上游学校 2018 级 10 班为例 [R] 上游教育研究. 2018（4）：83-87.

进行了一次座谈，那次我也参加了。做课题，或许就是我长久以来想做的事，上游学校有专门的指导活动，才让这种想法浮出水面。语文教学中的'课眼'问题是我以前关注的一个内容，但我没有什么头绪，隐约中我觉得，扎实地做研究，对此应该有很大的帮助。"

"您当时问我们几个想做什么研究？我就把想做'课眼'的想法说了。您鼓励我们申报，并说，在准备申报材料的过程中，思路会逐步清晰起来，哪怕没有成功，对深入思考也是有帮助的……"

"我在备课组内把想法先跟秦鹤老师讲了讲，交流后，她也觉得可以试试。之后，在集体教研的时候，我又跟组内的其他老师交流，大家觉得学校支持，还有人指导，可以一起尝试……没想到，最终我们不仅在市里成功立项，而且还是重点课题！我觉得这很有意义，一下子打开了一片新天地。"

蔡老师觉得，这几件事都非常具体。他回忆道："您当时说，过去我们可能是经验，但经验难有大产出，不具有传播性，普适性差，如果想有复制性，得走上研究的道路。"他说，他明白了，以前他的实践处在经验层面，只能让自己教的学生受益，没办法让更多的学生受益。

⚛ 具体做研究：发现自己知识有限，主动读书

因为蔡老师有迫切想改变的强烈意愿，所以在加盟上游学校后，通过暑期培训，在校刊上发表了军训总结，尤其是参加了两次学校组织的科研辅导活动，这几件事综合发酵，加上他的实践思考，他很快顺利地跨过研究的门槛，走上规范的课题研究的道路。但在具体做课题时，他发现自己知识有限。他的解决办法是读书。基于此，他把自己做研究的第二阶段界定为"读的阶段，读的过程"。

⚛ 研读专业著作：受到几个人很大的影响

蔡老师在谈到他的阅读阶段时，首先说的是读语文课程与教学论等方面的学术著作。这在一线教师中是较为少见的。多年前，我曾做过中小学教师业余时间

读什么书的调研，发现爱读书的教师是比较多的，但大多数教师喜欢读的是经典的文学名著，而读哲学、心理学及教育教学专业类学术书籍的却寥寥无几。蔡老师说："2020年，有100多天是在家上网课，读了王荣生[①]和孙绍振[②]等老师的6本专业书，受到很大的影响。"

拍案叫绝：王荣生老师的语文课程理论

"以前，读《语文科课程论基础》这样的书会觉得很枯燥，但这次读了一个多月，读着读着，竟有拍案叫绝的感觉。读着读着，发现以前觉得课是'术'的观点不太对，因为它其实是'道'的问题，在'为什么、怎么教……'中'教什么'是决定性的问题，之后才是'怎么教'的问题。这一下子，解开了我很多疑惑。过去对语文教材中选文的功能，我一直没厘清，按王老师的分析如果只教课文内容，学懂课文，学的是文章本身，就是'定篇'的功能，这是第一类。第二类是'例文'，即叶圣陶先生的'课文不过是例子'，课文是载体，借助'例文'来学习语文学科的通式通法，包括阅读的方法与技巧。第三类是'样本'，课程内容来源于具体的学生与特定的文本交往的过程中生成的问题。第四类是'用件'，即学生不是去学课文的，而用这一篇课文去触发、去从事一些与该选文或多或少相关的语文学习活动，如议题式教学。王老师在功能上将课文划分为以上四类，并说明了用教材教的含义——教材是个例子，不是教教材本身。但平时我们教课文时，却是在教课文本身。这让我恍然大悟，自己教了十多年语文都没梳理清楚的问题，王老师通过鉴别分析，做了深入研究，不仅完成了他的博士论

[①] 王荣生，我国大陆课程与教学论专业"语文教育"方向的第一位博士，2003毕业于华东师范大学，导师是倪文锦。代表作《语文科课程论基础》，多次再版，2003年出版第1版，2005年出版第2版，此后先后出版了2014版和2021版。该书从现代课程论的视角，审视了近百年来语文教育研究的历史和现状、经验和教训，为语文教育研究提供了新的方法、新的框架，为语文教育研究者和语文教师打开了一个全新的视野。

[②] 孙绍振，福建师范大学文学院教授、博士生导师，义务教育课程标准初中语文教材（北京师大版）和两岸合编高中语文教材的主编。全国优秀科普作家，出版了《文学创作论》《文学文本解读学》《美的结构》《新的美学原则在崛起》等近30部学术专著，散文集有《美女危险论》等。

文，而且指导了千万迷茫的语文老师！"

🔬 相见恨晚：孙绍振老师的文本解读方法

因为精读了王荣生、孙绍振等专家的著作，蔡老师谈起他们如数家珍。他说："福建师范大学的孙绍振老师在文本解读方面很厉害！他还是美学、文艺理论方面的专家，他对我的影响也很大。"

"孙教授对课文本身理解上的东西进行了解读，如还原法。课文大多是文学作品，实质上讲的是某种情感逻辑。文学类文本解读的系统的方法很多是西方的，从学习苏联到学欧美，学生常有疑问：课文表达了某种思想情感，如'再别康桥'表达了理想没有达成的失落，告别一座城也就告别了理想……但学生理解不了，过去就强行灌输，欧美的接受理论、读者反应批评理论进入后，文学作品表达了什么不再是作者说了算。当一部作品完成的时候，作者就变成了读者，对作品的理解、作品的价值读者说了算。那么，怎么评判对与错，关键看是否能自圆其说。例如樊登讲《西游记》时，解读4个徒弟分别代表了唐僧的心、欲望、理智与意志……就此而言，读者决定了作品的价值。但西方的理论解决不了中国古代诗歌的问题，而孙教授走出了西方理论的束手无策，建构了自己的文本解读理论，这对我的'课眼'研究有很大启发。找'课眼'是解开文本的关键，是打开结构的关键，其中孙教授的解读理论起了很大作用。例如，上游学校的张习芳老师执教'一个没有春天的女人'，实质上就是提取出了《祝福》的课眼。从分析事实到追问为什么，一步步地探究，最终抓到本质。"

蔡老师在阅读了王荣生、孙绍振等专家的著作后，尤其是在学了孙老师的文本解读的方法指导后，不仅产生了"以前的书白教了"的感慨，还感到自己"荒废了时间"，更有一种"怎么以前没读"的相见恨晚的激动。不过，经过交流尤其是通过深入反思，蔡老师明白了"如果没有在育才中学11年的经验积累，如果没有开启研究的旅程，就读不懂这些理论。因为有的书以前也读过，但没有任何感觉。"是的，他从2018年加盟上游学校后，经过寒暑假多次系统地培训，持续学习学校原创的结构化教学理论，又走出校门、国门多次参加各类学术会议包括

2020年寒假到芬兰研修，尤其是他立足于自己的语文课堂开展课题研究，再读学科教学理论著作时，恰如他所说的"刚好"。

非常振奋：李海林老师论教师二次成长

蔡老师在研究的道路上能不断向前，还有一个人很重要，那就是上海市特级教师、洋泾中学的李海林校长。

"读王荣生老师主编的《语文教师专业发展14讲》的第4讲看到'教师二次成长论'这篇文章时，非常振奋！这篇文章是根据李海林老师在国培授课中的报告材料整理而成的。文中，将教师的第一次成长期界定为：熟悉教材，基本方法的掌握，对学生的关注，有与同伴合作的强烈愿望，对成绩的高要求。同时，还列出了教师成长高原期的6个指标：1. 很难感到快速成长；2. 保持中等成绩，但很难再提高；3. 工作范围长期没变化；4. 从同伴那里难再学到更多东西；5. 工作热情明显下降，只能保持基本状态；6. 开始关心教学理论，但没有哪个理论能解决自己的问题。"

蔡老师对照进入高原期的6个指标，感觉跟自己完全吻合。他说："这6条我基本都有。比如，我连续带了多年高三，前期成绩很好，后面却难以保持。这些让我意识到，教师真正要有蜕变，必须要有第二次成长！"

蔡老师讲述了从书中读到的体现教师第二次成长的8条标准："1. 原先不太关注、不感兴趣的东西成为重要的生活与工作的内容；2. 开始突破生活和工作圈；3. 开始感到自己的东西和周围同伴区别开来，这主要是讲给校长，如一个人变得不一样，如突然变好或变化，都值得关注；4. 开始追随某种理论；5. 开始有搜集资料的意识；6. 对一些固定的东西不满意；7. 开始怀疑自己的信念，能接受别人的批评，接纳多元观点；8. 重新有了发展的目标。"看到这些标准，蔡老师对标分析，盘点自己第二次成长出现的变化。他说："对照第1条，我觉得到了上游学校，教学内容、教学方式跟过去完全不一样了，我像新老师一样在重新学、从头做；看到第5条，我发现从做课题开始，我的确有了搜集资料的意识；对标第8条，我也追问自己到底想要成为什么样的老师？"对标反思，让蔡老师有了方向，恰好2020年上游学校给全体教职工布置的寒假作业中，有一条是写个人发展规划，他就根据第二次成长的标准写了自己发展的具体做法：首先就是读书，而且要变成研究式的读书；其次就是要反思，坚持写教学反思，他认为这是成长的关键；最后就是要加强课例研讨，自觉研究成功或不成功的课例，要反复琢磨。蔡老师还说："上游学校的很多活动对自己的影响都非常大！"

自觉改进：实践过程中总觉得学得不够

蔡老师自2018年加盟上游学校后，曾多次参加各类学术会议。其中，2019年12月13—16日，他和上游学校语文组的张赟洁、柳杨、马靖、高斌、邵金财等5位教师一起，参加了在深圳举行的"第十一届'四方杯'全国优秀语文教师选拔大赛暨新教材、新课堂、新发展研讨会"，受这次大会所学的启发，蔡老师自己购买了录音笔，作为研究与积累课例的新方法，开始经常录制并分析自己的课。之所以这样做，他说："在深圳学习时看到，同一节课、同样的教案，但不同的老师上，效果大不一样"。为此，他在追问为什么的过程中，开始运用理论自觉分析自己的课。尤其是2020年研读了学科学术专著后，他进入深度学习上游学校结构化教学理论及对标分析、精进的新阶段。

"在王荣生、孙绍振、李海林以及其他专家的影响下，我开始分析他们的理论和上游学校的结构化教学理论之间的关系，并尝试进行结合。这让我想起2018年2月参加上游学校教师招聘笔试中的一道题，让结合给出的材料谈谈对'结构化'的理解。[①]看到这道题后，当时我就问自己，有这么个东西吗？……入校后，就开始扎扎实实地做。2021年6月，毕业年级的教师在中卫研讨，我发言时曾说

[①] 2018年是上游学校建校的第3年，寒假教师招聘时，2月26日上午笔试，27日上午面试、下午面谈。笔试只有两道大题，第一题是论述题，第二题是学科命题。论述题给的阅读材料是："结构化既是人认识世界又是人建设世界的必由之路，因为结构化既隐藏并贯穿于人的认识过程中，又显现并凸显在人的发展历程中。就人的发展而言，学习不仅仅是学知识的过程，重要的是培养其结构化的能力，更深层面的是形成开放、主动、包容的结构化意识和思想。这才是由结构到结构化动态发展的本质，更是人可持续、健康发展的根本。"问题1：请谈谈你对材料中所提到的"结构化"的理解（15分）。问题2：请根据所提供的材料，设计在教学中体现结构化的过程（25分）。

到,'做高考总结,如果不从结构化教学这个方面总结,就没有抓住关键'。"

蔡老师认为,学习专家的理论,一定要和自己的实践建立起联系,如通过对语文本身的理解,对解决教什么、怎么教等问题的认知会深入。他觉得,这也是结构化教学要解决的关键。"课眼"就是课文结构的关键,结构是"要素+联系",而"课眼"既是要素又是联系。用"课眼"解构结构时,师生的结构的比较就是对结构的完善。他把这些认识依托具体的课例进行了阐述,被《中学语文教学参考》杂志约稿。编辑认为,蔡老师的探索与认识价值高、观点新,并鼓励他继续多写。学术期刊编辑的鼓励与肯定,在带给蔡老师小小成就感的同时,使他感悟到"在结构化教学理论下,将实践工作和理论结合,刚好使已有的结构和新的结构产生了共鸣,所以就感受到了自己成长的进阶。"不过,他再次发出感慨,"在这种背景下,越来越关注实践,感到找对了方向。但在理论与实践相结合的过程中,总有一种苦恼,觉得学得不够。同时,也常有困惑,比如'我是不是行走在规范的道路上?'"

找到榜样:熊芳芳老师提供了实践案例

2019年深圳举行的第十一届"四方杯"全国优秀语文教师选拔大赛暨新教材、新课堂、新发展研讨会可谓是蔡老师专业生涯的另一个转折点,这次大会不仅让他间接结识了理论派专家王荣生、孙绍振等教授,还让他找到了实践领域的榜样熊芳芳老师。谈起熊芳芳,蔡老师流露出由衷的钦佩之情。

"熊芳芳老师有8本书。以前我买了几本,认真读了1本。她在作文教学上有很高的造诣。2019年12月,我们在深圳学习时结识了她,想请她到上游学校来做学科培训。她也辞职了,对上游学校很多教师来说,她的成长经历会有很大启发。2003年之前,她是位初中语文教师,之后进城教高中。从湖北荆州开始,因为课上得好,曾获得省级优质课一等奖,在全国中青年大赛中多次获得一等奖。她在华师大附中、苏州、广州、深圳等地工作过。她说,因为课讲得好,她从乡村走出,并不断发展。有人建议她把这些写出来,刚开始她不太会写,后来她选择逐步写过程。在写的过程中,她发现写过程很简单,但价值在于剖析为什么这么上课，底层逻辑是什么。她认为得读理论。读理论时，开始她觉得不好理解，所以又读了很多哲学著作。由哲学到教育，再具体到上什么课，就会发现课的内在逻辑与规律。她还认为很多书的基础是高深的哲学，所以当有了哲学的基础之后，才能生长出自己的东西。她的观点是教师从实践到理论，支撑的底层逻辑是哲学与审美。她给我推荐了很多书，我们一直有联系。我觉得她解读文本的能力太强了，从她的经验中能找到语文教师成长的路径。"

蔡老师通过读王荣生、孙绍振老师的书及和熊芳芳老师的交流，他对自己的发展规划越发清晰起来。他说："用王荣生老师的理论去解决教什么的问题，孙绍振老师的理论是解决文本的方法，而熊芳芳老师则提供了实践的案例。"他还说："于漪老师把语文教师的进阶分为4个阶段，每个阶段都是5年。第1个5年是一路奔跑，第2个5年是停下来思考，第3个5年是从独立到独到，而第4个5年则是叩问语文之道。"

通过做课题研究，蔡老师对做研究有了不同以往的认识。"以前，研究都是听别人说，专家讲。正式去做才理解为什么这样，意义价值与底层逻辑是什么，常这样思考，才能踏上研究的路。""在上游学校做研究，你会觉得不是一个人摸索，而是有人引领，有环境支持。上游学校具备了研究的各种各样的要素。这对自己、对周围的人、对所教的学生都有巨大的价值。在上游学校，研究不是一个人的事情！"

是的，在上游学校，研究是学校的重中之重，2019年学校在第2个"三年发展规划"中，提出将建设学术型学校作为发展的战略突破口，而培养学术型教师则是实现突破的根本所在。相信内心具有迫切改变意愿、具有极强能动性的蔡老师，定能成为上游学校学术型教师的一位代表。在撰写他的访谈故事时，我整理了他自2018年暑期加盟上游学校后在校刊《上游教育研究》上的发文情况，竟有11篇（见下表），加上在校外的发文共有12篇。蔡老师曾说，他在以前的学校工作了11年，为了职评发了1篇文章，到了上游学校不足3年就发表了多篇论文。如今，他作为年级主任，肩上的担子更重了，从自身专业的快速成长到引领、帮助、服务、助力自己分管的年级教师快速发展，挑战更大，难度更高。相信，假以时日，他在这个新岗位上也能进入第二次成长，必将迎来新一轮成果输出的喷薄期。

表　蔡维君2018年加盟上游学校后在《上游教育研究》发文统计

序号	时间与期数	文章题目	校外发表情况
1	2018年第4期	培养核心素养，从军训教育管理开始——以三沙源上游学校2018级10班为例	《才智》2019年第12期
2	2019年第1期	高中语文教学课眼设置例谈——以《大堰河——我的保姆》为例	《高考》2019年第4期
3	2019年第1期	浅谈高一语文组课题研究	/
4	2019年第1期	用理念引领，让素养落地："第八届基础教育改革与发展论坛"学习心得	/
5	2019年第2期	高中语文教学课眼设置例谈：以《赤壁赋》为例	《语文天地》2020年第9期
6	2019年第3期	最美家长，最美的教育——在家长会上的讲话	/
7	2019年第4期	"课眼"研究推动高中语文结构化教学发展	/
8	2020年第2期	巧设"课眼"深解结构：以《装在套子里的人》为例探索结构化教学	《中学语文教学参考》2021年第8期
9	2020年第3期	搭建学术平台，助力教师专业成长：《上游教育研究》的历史与使命	/
10	2021年第1期	高考作文结构化复习策略	《甘肃教育》2021年第23期
11	2021年第4期	语文高考结构化复习实践研究报告：以银川三沙源上游学校为例	/
12	/	基于能力发展过程的高中语文作文教学探讨	《作文成功之路》2019年第8期

第8章 破解密码

通过访谈，请16位中小学教师回忆走上研究道路的故事，以时间为轴，事件为点，勾画出他们精神活动与研究成长的轨迹，分析、判断、推导出相对稳定的思维方式与行为模式。假设能在不同的教师走上研究道路这个共同事件中，提炼出不同契机背后的相通之处，便可揭示中小学教师走上研究道路的内在机制，发现中小学教师走上研究道路相对稳定的活动模式。

当人的无意识行为被显性化，变成有意识的注意，尤其是当把唤醒、激发与维持注意及促使行为发展变化的内在原理说清楚时，人的认识就会发生转变。尽管有的人转变得快，有的人转变得慢，有的人一时半刻还难以觉悟或无法被触动，但只要身边的人有所变化，只要环境中出现了促动现象，且渐渐地当变化的人多起来，或者当变化的人的变化越发大起来，就会引发涟漪效应、从众效应。当环境中内外互动的变化力量被持续增强，特别是这种力量被有意识地、积极地、不懈地增加时，只要达到时间量的累积，必然会呈现出壮观的飞轮效应。

当然，所有这一切都需要有意识的行动。只是这种意识遵循从无意识到有意识，并因习惯成自然慢慢又变为下意识的运行轨迹。精神活动的品质因实践行动的转变而提升。这就是中小学教师走上研究道路的历程与意义。这个历程中隐含着：注意唤醒，行动起来。而唤醒与行动是在"人（重要他人）+事（教学要事）"的二维框架下，由"情感体验、问题意识、优势目标、坚持读书、反思习惯、寻求意义"六个方面相互关联、互动促进的进阶过程。

最后，本章旨在分析、解释研究意识被唤醒及重建生命意义的历程。

中小学教师走上研究道路的内在机制

亲爱的读者朋友，如果您是从前往后，按照顺序一步步地看到这里，或许您已经从16位教师的故事中发现了走上研究道路的密码。那么，就让我们一起来探讨并提纯密码。当然，或许还有朋友是选择性阅读，看着目录，翻看自己感兴趣的故事；或者仅仅是在随手翻阅中翻到哪儿就看到哪儿，又或是单纯地被故事所吸引，无暇且无意去梳理内隐的主线，又或是尚无法拎出隐含的主线。没关系，那就请您以批判的视角，审视破解出来的密码：看看是否符合逻辑；判断观点能否成立；评估一下是不是解决了核心问题；应用密码，能不能促使更多的中小学教师走上研究的道路。

注意唤醒：哪些中小学教师容易被唤醒

阿德勒在《理解人性》中对注意的问题进行了论述。他认为，注意是灵魂的特征之一，在个体实现目标的过程中具有重要作用。

注意是指个体与客观刺激发生联系的意愿或态度，或者是指向某一目标的力量，或是必要行动反应之前的准备。而注意分散的原因主要有两个，一是痛苦或疾病；二是个体主观上不愿意集中注意力。当然，不同个体的注意力存在显著差异。因此，注意唤醒最重要的原因是兴趣。兴趣是更深层次的心理活动。如果个体感兴趣，就会集中注意力。当然，如果个体注意力不集中，则意味着他希望从当前要求集中注意力的情境中摆脱出来，而不意味着他不能集中注意力。或者说，个体注意力的缺失是在用行为告知你我：他对当前的事不感兴趣，他感兴趣的是别的事。换句话说，就是他所追求的另有目标。因为兴趣具有明确的目的导向。①

注意的机制告诉我们，唤醒研究意识是有条件的。基本条件是教师要有意愿，要有兴趣。否则，即使把研究的意义与价值描绘得多么好，对注意力在别的目标上的人来说，对还没有把研究当做优势目标的教师来说都是负担，都是干扰他奔向所追寻的目标的烦心事。从16位教师走上研究道路的故事中可以发现，以下教师的研究意识易于被唤醒。

第一，从小就有良好的思考习惯。如，于瑶受爱思考的爸爸的影响，从小学一二年级开始，就养成了爱思考、爱琢磨的习惯，所以她或者像她一样具有爱思考习惯的教师，他们的研究意识特别容易被唤醒。因为研究，原本就意味着坚持思考，持续寻找。"研究"的中文释义是对本质与规律的探寻；英文research，由re+search构成，即反反复复地寻找。反反复复寻找什么呢？寻找现象背后的因果关系，揭示本质与规律。

第二，有想当好老师的内在追求。如，受当教师与教研员的父亲的影响，从小就想成为好老师的宋君，当听到老师说"好老师不是教书匠而是研究型教师时"，"成为研究型教师"就犹如一粒种子，在他心灵的沃土上生根、发芽。在他成为教师后，克服重重困难，用最笨的抄写方式自主学习，促使他跨过了研究的门槛，在教学研究上开花、结果，成为教学名师，成为学术型教师。宋君老师躬耕教育，生产教育教学知识，惠及更多的一线教师。

第三，学生时代有积极的研究体验。本科学习期间，特别是完成毕业论文的过程中，在教师指导下，做过规范的研究，如实验研究，写出了规范且高品质的毕业论文，对研究设计、研究方法、研究操作、学术转化有实实在在的体验，且体验到了研究的乐趣，觉得研究很有意思；或是承受住了研究转化的艰苦过程，并对遇到严格要求的老师感到幸运。这样的积极体验本身就已经唤醒了研究意识，具备了研究能力和持续研究的行动力。学生时代研究意识的唤醒对准教师而

---

① 阿尔弗雷德·阿德勒，李欢欢译. 理解人性[M]. 北京：中国人民大学出版社，2017：63-65.

言，还意味着拥有很高的入职起点。所以，在学生时代，如本科阶段或入职前拥有积极的研究体验，对建设高质量教师队伍而言事半功倍。

第四，有想解决问题的自觉意识。无论是从学生身上发现学得不拼但成绩特好，还是从学生的反馈中收到哪怕是让人感到丢脸的意见，无论是从学生身上看到自己的影子还是追问自己与学生的命运，当教师能从司空见惯的教育现象中发现问题并想方设法地去解决时，研究意识就已被唤醒。只是因为太过自然，好似感受不到被唤醒的过程而已。

第五，有迫切改变现状的内在需求。对当下的境遇感到不满，渴望改变，这种力量的自觉萌生，本就是不安于现状的内动力，尤其是面临发展瓶颈的教师，当教学进入到熟能生巧的阶段，还渴望继续生长，就为能动者厚植出持续生长的力量。其实，他们已经觉醒。当研究的刺激出现后，哪怕刺激非常微小，但对他们而言也能瞬间被链接、被激发。他们会成为环境中的促动者，觉悟的力量会因他们而激发、而传递。

当然，还有一些教师或许是被唤醒，但因为他们身上积淀着积极因素，所以一旦被唤醒，他们很可能成为一种不可阻挡的影响力量。因为他们的意愿强烈，在教师群体中具有一定的代表性，而且他们身上具备的积极因素在很多教师身上具有普遍性。

第六，从小养成了认真完成任务的习惯。或许这些教师自认为没什么大志向，且抱持"小富即安"的心态，但他们打小就养成了认真完成作业的好习惯，不会应付，认认真真，踏踏实实，兢兢业业。他们对待学生秉持对得住良心的朴素认识。这些积极因素使他们具有很强的适应性。无论环境怎样变换，他们的工作质量总能很快达到合格并提升至良好，如果重任在肩，他们也能顶住压力，回报一份惊喜。他们是教师队伍的主体，认真负责，可塑性强。在研究的道路上，也许他们确属被唤醒者，但一经被唤醒，他们便不容易再"睡去"，因为认真的好习惯会让他们在慢起步的过程中，经历更多、体验更深。当然，他们因自身的起点、积蓄的能量等方面存在差异，被唤醒的时长、所承受的磨砺也不尽相同，所以对他们需更有耐心、恒心和信心。

第七，有一颗不服输的心。这类教师大多也是被唤醒的，只是这种被动中隐藏着一定的主动性。这种主动性更多的是性格使然，那就是不服输。当他们教过的学生反馈说，教得有问题时，他们的斗志会被激发。或许他们不一定坚定地说出渴望一比高下的决心，但常会暗自较劲，会默默地学习、摸索、比较，悄悄地精进。人们常说，知识分子爱面子。话里话外暗含贬义。我倒觉得，这种爱面子中包含着自尊。自尊与自强常相伴相生，应保护这种情感，更好的做法是因势利导。如果能促使他们拿起研究的"武器"，或许就能助力他们走出一条超越的路。

从某种意义上说，只要从生活经历、成长历程、发展环境、工作任务等方面入手，每位教师都有被唤醒的潜在可能。但如何促使醒来后的教师产生研究行为？如何让醒来后尚并不清醒的教师真正醒悟，防止"睡回笼觉"，防范研究意识消解与研究行为蜻蜓点水或草草应付？尤其是避免被动唤醒、空有斗志、难有行动的教师产生退行性行为，这些是要特别注意且需深度思考与深入研究的问题。

行动起来：二维六层让研究行为有张力

我们都是社会人，作为社会组织中的一员，我们一直被"人和事"所影响。当然，在研究道路上，我们都会遇到促使自己发展的重要他人，而教学则是承载教师职业发展的最重要的事。在"人（重要他人）+事（教学要事）"的二维框架下，六个相互促动的层次会助力教师跨过研究的门槛，走上研究的道路。

一维：遇到自己的重要他人，成为学生的重要他人

在人生的道路上，最幸运的莫过于在成长不同的阶段，能遇到促进发展的重要他人。[①]爱思考的爸爸，事业心强的当教师与教研员的父亲，指导学生设计实验研究的导师，对学生要求严苛的导师，带领一线教师做课题的教研员，学习行

[①] 重要他人，指在个体社会化以及心理人格形成的过程中具有重要影响的具体人物。1953 年美国学者乔治·H. 米德（George H. Mead）在《心灵、自我与社会》中对"重要他人"的含义有过介绍，后来，美国社会学家 C. 赖特·米尔斯（C. Wright Mills）在米德的基础上加以发展，明确提出了"重要他人"的概念。

为异于其他人的学生，说真话、反馈自身教学问题的学生，帮助自己改进教学的师父，严格要求、布置挑战性任务的学校领导……因为重要他人的存在，人生多了不一样的体验。有时我们称他们是生命中的贵人，但有时会觉得他们是自己的"敌人"甚至是"恶人"。有的人像阳光一样带来温暖，有的人像大地一样宽怀包容，有的人像皮筋一样充满弹力，有的人则像严冬一样让人心生畏惧……如果没有他们，很多人的人生或许会很平庸。所以，他们是很多人成长中不可缺少的人。人生在和他们发生链接时变得绚丽。

当然，作为教师，如何成为学生生命中的重要他人，这对所有的教师来说都是永远值得深思的问题。其实，很多教师是在认认真真教学的过程中，不知不觉中成为学生生命中的重要他人。就如姜连国老师的指导教师，或许他从未刻意要成为自己所教学生的重要他人，但若干年后，他的学生在回忆自己走上研究道路的故事时，那个曾经对学生要求极为严苛的教师很自然地就成了姜老师人生路上的重要他人。我想，教师做人做事认真、律己、高标准、严要求，或者说具有高质量精神生活与工作品质，本身就具备了成为学生重要他人的潜在可能。所以，教师自身的人格高度与专业精度，是成为学生的重要他人的阶梯与桥梁。

二维：全身心投入着眼发展的教学要事

教师的本职工作是教书育人，教书是手段，育人是目的。当年访谈丁保先老师时，她说自己的血压是跟着学生波动的，对此全身心投入是最佳阐释。丁老师最自豪的是，自己教过的学生没有自杀的、没有坐监的。教育好每个孩子，助其成人，成为她的教学要事。教学要事，意味着教学是教师最紧要、最重要的事。

教学意味着和人打交道，而打交道最多的是和学生、和教材。在传道受业解惑的过程中，师生之间会反反复复地产生交互作用。具体来说，是在帮助学生学习、理解、会学知识，掌握方法，塑造情感的过程中，产生超越知识本身的思维碰撞、生命交集与灵魂互动。如果教师和学生的互动仅仅停留在知识本身的传递上，那这场邂逅就会显得寡淡而苍白，难以留下什么痕迹。当然，教学要事的发生与发展难免会有波澜，就如同文卫星老师的学生，从不习惯于他的不合常规，对他的做法包括他这个人产生过质疑，但当文老师坚持正确的做法，更重要的是他在教学中不仅幽默风趣，有妙招，还能秒杀难题，全班学生在充分体验到他的教法对学业成绩、对自身发展的帮助后，就会发自肺腑地赞叹与感恩，甚至还创造出与众不同、令人难忘的教师节惊喜。

很多老师的教学要事是研究怎样让学生花尽可能少的时间去赢得更好的学习效果。这让我想起夸美纽斯说过的话，当教师的教学是笨拙、吃力的时候，不仅教师的职业成就感无从谈起，还直接殃及学生的学习自信心和学业成就感。这种状态时间久了，学生对学习必然会感到枯燥、乏味，产生厌倦心理，学业质量自然好不到哪里去。教学研究是促使教师走上教学艺术的必由之路。研究成果的达成就是让教学成为"教师和学生双方都没有烦恼和厌恶，而且双方都引以为最大的乐事"。①

第一层，情感体验

纵观16位教师的故事，他们每个人在走上研究道路上都产生过这样那样积极或痛苦的情感体验。如对解决思考问题感到很有意思，对实验研究感到很有意思，对实践转化觉得并不难、觉得"我也可以"，对指导教师的严格要求当时就感到习惯了、过后还感悟到影响了自己终生，对教研员的指导感到幸运和感恩，对该做的数学题觉得一定要做，对到底教什么始终感到困惑，对学生为什么学得不拼成绩还特别好感到好奇从而主动挖掘教学资源，对学生的反馈感到不服气，觉得自己也可以影响学生，追问农村的孩子怎样能发光、怎样能拓宽他们的人生轨迹……

亲身经历才能产生真情实感，切身体验是情感之力萌发的沃土。所以想方设法，在教学的田野上耕耘，尤其是直面问题，挑战困难，破解难题中孕育着情感升华。

当然，情感体验的方向是有差异的。有的体验起初就是正向且积极的，而有的体验开始时感受到的是逼迫与压力。请相信，无论如何，情感体验本身都是能

---

① 夸美纽斯. 大教学论［M］. 任钟印，选编. 任宝祥等，译. 北京：人民教育出版社，1994：62.

量的付出，即便当时是负向的情感体验，只要能承受得住，也会获得成长。当然，负向情感体验的出路与转化在于，要能真正感悟到自身的成长！之后，那种弹力或心理韧劲才能让情绪走出负向，奔向正向，才能产生更丰富的情感体验，且体验感会更强烈、更持久。因此关键是一定要从不满足走向满足，才是成长的根本，才是更深层次的心理需要。

第二层，问题意识

如果说研究就是解决问题，那么前提是要能发现问题。

我特别赞同华东师范大学赵勇教授的观点，他认为，"发现问题就是机会，发现问题就是运气"。[1]

当然，要发现问题，需要树立问题导向，需要问题意识支撑。

党的二十大报告指出"必须坚持问题导向。问题是时代的声音，回答并指导解决问题是理论的根本任务。今天我们所面临问题的复杂程度、解决问题的艰巨程度明显加大，给理论创新提出了全新要求。我们要增强问题意识，聚焦实践遇到的新问题、改革发展稳定存在的深层次问题、人民群众急难愁盼问题、国际变局中的重大问题、党的建设面临的突出问题，不断提出真正解决问题的新理念新思路新办法。"[2]

习近平总书记对问题导向、问题意识的阐述，为教育理论的发展、教学研究的改进、教师专业的发展指明了方向。中小学教师走上研究道路，核心是善于发现问题，关键是能真正解决问题。那么，中小学教师该如何提高问题意识呢？

课堂现象瞬息万变，教学问题层出不穷。而提升问题意识的根本是走到现象背后，从本质入手，运用前溯+前进的思维方式，拉长思维链，养成追问的习惯。

第一，加强前溯意识。改变与重塑思维方式绝不是一朝一夕的事，难以一蹴

---

[1] 赵勇. 国际拔尖创新人才培养的新理念与新趋势[R] 华东师范大学：前沿与展望——2022年教育学部特聘教授学术报告会. 2022.12.15.
[2] 习近平. 高举中国特色社会主义伟大旗帜，为全面建设社会主义现代化国家而团结奋斗——在中国共产党第二十次全国代表大会上的报告（2022年10月16日）[M]. 北京：人民出版社，2022：18.

而就。建议通过和教师一起聚焦课例或个案等老师们最感兴趣的日常工作，剖析其思维脉络，引导教师追问教学目标与干预目标，捋清楚"要做什么"并追问"怎样做"。教学中，当在某个点上遇到困难、困惑或阻力时，建议回到原点去追问：1. 这个点的上位问题是什么？2. 决定上位问题的内在假设是什么？3. 决定这个内在假设的理念或思想又是什么？直到找到问题的源头。这样的思考好似是线性的思维过程或逻辑链，但其实不然，因为逻辑链本身隐含着上下乃至内外的关联因素。当顺着"为什么"向前追溯，采取打破砂锅问到底的方式，理清问题的脉络，明确问题的源头，解决问题的难度就小了许多。因为思维是个复杂系统，而复杂系统的首要特征是该事物内部具有层次结构，外部处在层次当中。[①]当针对处于外部的显性问题向内、向深层次梳理时，就进入了该事物内部的层次结构，每向前推进一层，问题就得到一点解决。教师作为行动者其认知能力原本就具有反思性特征，这是人类社会实践循环往复的安排过程中根深蒂固的因素。这种反思是绵延发生、持续不断的行为流，其实质是植根于人们所展现并期待让他人也如此展现的、对行动的持续监控的过程，而这种对行动的反思性监控是以理性化为基础的。[②]

培养前溯的思维方式，建议采用绘图或书写的方法，把困扰自己的问题写下来，接着分析遇到这个问题的原因，然后再追溯这个原因背后的假设是什么……顺着这条路径，直至厘清问题的本质。或许，至此问题还未得到彻底解决，但当开启了明确表达的那个瞬间时，就已经走上了建立理解的征程。[③]同时，也踏上了研究与探索的道路，而这恰是教师发现与掌握教育规律的路径。[④]

第二，努力前进。前进的路径可以简单概括为"主动找方法、探索有行动、跟进测效果、扬弃要调整"螺旋推进的行动过程。

1. 主动找方法。指的是在明确了要解决的问题且理清了问题本质后，通过

---

① 王志康. 论思维系统的层次结构和复杂性[J]. 自然辩证法研究. 2003（10）：1-5.
② 安东尼·吉登斯. 社会的构成：结构化理论纲要[M]. 李康，李猛，译. 北京：中国人民大学出版社，2016：2-3.
③ 史上最强的学习方法——费曼学习法及其教学原理解析[EB]. 学习科学与技术研究. 2019.8.18.
④ 第斯多惠. 德国教师培养指南[M]. 袁一安，译. 北京：人民教育出版社. 2018：34.

理论学习、文献分析、主动求助等途径，或是通过向校外专家与同行探讨解决问题的方法，或是向身边的同伴求助解决问题的办法，形成解决问题的方案，建构并确定行动策略。

2. 探索有行动。针对需要解决的问题，优化解决办法，采取行动，实践摸索。

3. 跟进测效果。在不同的班级、不同的课型上，反复尝试，及时反思，并针对问题解决的具体方法，检测成效。

4. 扬弃要调整。查摆不同解决方法的成败得失，有所取舍，确定有效的解决方法，反复跟进，及时调整，优化策略，整理分享，帮助更多教师解决类似的问题。

当教师围绕课堂问题，通过前溯+前进的方式，能增强自觉追问的意识，处于点状的思维结构将在无形中被拉长。而前溯和前进的过程实质就是实践探索、行动研究的过程。在此过程中，教师的点状、局部、线性、浅层的经验型思维结构，在对问题本质的探寻和对解决办法的求索中，逐步发展成为网状、整体、系统、深层的研究型思维结构。无论是处于哪个发展阶段的教师，当他们形成并具备了研究型思维后，其问题意识、研究能力将成为推动他们自觉、有效发展的内生力量。同时，这种力量还将通过他们，潜移默化地影响到与之交往的同伴尤其是他们的学生。因为思维基于知识，产生于问题，因问题而得到持续不断的、深入的发展，但其最终目的是不囿于知识，旨在使问题得以解决，并不断创新和发现。[1]

16位教师走上研究道路的故事生动诠释了拉长思维链的做法。他们并没有明确地点出拉长思维链的说法，但他们遵循的是前溯+前进的思维方式。这一点，从他们发现问题到解决问题的路径上，能管中窥豹，洞见到他们善于捕捉、善于比较、善于多角度、深入追问的意识与能力。无论是在抄写论文的过程中发现问题，还是在实验中发现日常作业中隐含的问题；无论是在不同学生学习结果与学习方式的比较中发现阅读对学业成绩的影响，还是在追问自己与发小发展的

---

[1] 郅庭瑾. 为思维而教. [J]. 教育研究. 2007（10）: 44-48.

不同以及自己所教的学生的会有什么样的发展……尤其是在攻读硕士的过程中逐渐发现原来对学科本质的理解停留在外围与表层，这些认知冲突或者说认知落差引发的问题困扰着他们，问题意识就在这种持续的困扰与渴望突围中被激发、被强化，解决问题的意识与行动在此过程中，越来越清晰、明确和坚定，在不知不觉中就跨过了研究的门槛，走上了研究的道路。

第三层，优势目标

人类的精神活动都是目标导向的运动。个体的目标决定着其精神活动。恒定的目标不断地决定、维持和修正个体的行为，并在此基础上引发精神层面的活动，包括思考、感受、希冀和梦想。这是有机体调整自己并对环境做出反应的必然选择。人类的生理和精神活动都建立在目标导向的基础之上。目标可以是静态的或是发展变化的，它的持续存在是我们的精神活动发展和进化的原始动力。[①]

孩子自降生后就渴望得到他人尤其是父母的关注，也就是我们常说的"被看见"。心理学家认为，孩子在自卑感或常因感到未被看见而通过不懈努力试图被看见的过程中，不断追求认同，从而实现超越。在互动交往的社会情感发展中，人不断确立自己的目标。而社会情感发展的深度和质量有助于个体确立优势目标。虽然每个人确立的优势目标未必都能说得清楚，有的优势目标甚至难以启齿而被控制在潜意识中。但不可否认的是，一个人的感觉、情绪、情感和想象相互关联，个体既定目标引导着这些心理现象的变化和选择，尽管这个影响程度很难量化。但实质上，这些心理现象常以隐秘的方式表现着人的终极生活目标。因此，设定目标十分必要，确定优势目标十分重要，它引导着个体的心智逐渐发展、成熟。当然，个体设定的理想目标并不是随意的，而是基于大量的客观事实，这些事实可能来自有意识或无意识的生活。我们可以确定地说，心理活动的目标并不只是哲学假设，它更是基本事实。[②]

把研究作为发展的优势目标，对广大中小学教师来说，并非易事。首先，很

[①] 阿尔弗雷德·阿德勒. 理解人性[M]. 李欢欢, 译. 北京：中国人民大学出版社，2017：15.
[②] 阿尔弗雷德·阿德勒. 理解人性[M]. 李欢欢, 译. 北京：中国人民大学出版社，2017：50-51.

多教师并没有像宋君、潘建明、姜连国、陈丽丽老师那样深切体验或由衷感悟到成就感、获得感、成长感；其次，很多教师也没有像两位胡老师那样产生了使命感、价值感、幸福感；其三，很多老师还没有像兀晓燕、刘晓静老师那样执着于如何花尽可能少的时间让孩子学会、学好，不再忍受长时间投入却收效甚微的煎熬。当然，也有很多教师虽然有渴望改变现状的想法，但缺乏蔡维君老师那样重头开始的勇气。因此让更多中小学教师将研究作为优势目标存在着诸多困难与挑战。如何让他们尝到研究的甜头，体验研究的乐趣，享受研究的幸福，这是需要改革设计者研究的课题。

通过访谈尤其是亲历上游学校的实践，我发现，帮助中小学教师将研究确立为优势目标其实是有很多事可以做、有很多方法可以用的，关键是所有的助力是真诚的，采用的方法是实在的，教师的成长是可见的，内在的体验是真切的。我认为，整个过程的核心是想方设法挖掘教师的内在力量，并通过管理创新、提升日常工作的研究品质等方式，让内外力量频繁地发生交互作用，在不知不觉中成为教师研究道路上的重要他人，让学术环境在潜移默化中发挥渗透作用，让文化影响在点点滴滴中滋养精神成长，就能渐渐促使更多的中小学一线教师将研究纳入议事日程并逐步成为自己的优势目标。

人性深处，获得满足感尤其是自我实现的满足感是灵魂的追求，是优势目标发展的源泉。所以基于教学生活，在学校环境中让教育情感推动研究成为发展的优势目标，是帮助教师摆脱日复一日重复性劳动、走上幸福生活的必由路径。对此，苏霍姆林斯基早有论断。相信从16位教师走上研究道路的故事中，我们也有同感。

需要提醒的是，目标如果不能具体化成为每天要完成的功课就会流于形式。优势目标如果不能细化为可执行、可测查、可评估的日课就是纸上谈兵。所以，把目标具体化为一件件具体要做的事情，养成习惯，才能让目标落地，让优势目标产生效益。比如，坚持每天写200字的教学反思，每周写一篇500字教学故事或随笔；每天在备课、教学、批作业的过程中，持续追问1~3个问题；每天请教学小助手反馈自己教学中的问题；每周对学生所学的问题进行批阅；每天看教育教学著作2~3页或者每天和学生一起做题……总之，目标要清晰,要明确,要坚持每天写出来且坚持每日复盘。而优势目标,不仅要具体、明白、清楚,而且输出质量要有标准,有督导、反馈和跟进。要以养成习惯为根本目标,重视思维方式和行为模式的重建,使之最终成为下意识的自觉行动。

第四层,坚持读书

16位教师对读书的重视、对学习的坚持在他们的陈述中清楚而鲜明。宋君老师提出,"从理论提升到理论和实践结合,读书都非常重要。所以,每年我都会买1万元左右的书。阅读的积淀让视野开阔了很多。同时,研究还离不开写作。"他认为,"读书让视野更开阔,写作让思考更理性。"丁保先老师更是直截了当地告诉我们,"阅读需要不断地学习,不断地反思,不断地生成,从而达到不断地升华……通过阅读教学,就是要培养一个个终身的阅读者,而终身的阅读者必然是终身的学习者。"姜连国在老师总结自己的发展时说,"无论是日常化教学、学习进阶还是多元智能等理论的应用,都属于这个阶段学、用、写相结合的产物,包括对外有影响的课题,如'合作理念',也都是这样形成的。"

坚持读书是16位教师专业成长中非常鲜明的共性特点,是促使他们跨过研究门槛、走上研究道路不可或缺的重要支持性要素。读书对成长的积极作用我深有体会。1989年,我从河南省体育运动学校毕业,成为一名小学专职体育教师。因为没有受过系统的基础教育,从上夜校速成班补习高中知识到参加成人高考,1990年考到郑州大学新闻系首届摄影函授专科班,学习了3年;1996年第二次参加成人高考,考入武汉体院体育教育函授本科班,又学了3年;2002—2004年,利用寒暑假到中科院心理研究所读教育与发展心理学硕士研究生班,之后参加全国硕士联考,考入东北师范大学,2005年脱产1年攻读教育硕士,2006年12月硕士毕业拿到学位;2009年首次尝试考博,2012年考入西北师范大学教育学院攻读教育博士,2016年博士毕业获得博士学位。多年漫长求学路,读书成为生活中不可或缺的事,读书让我深切感受到理论是"最有力的武器"的内涵与深义。读书真的是一个逐步改变人、塑造人、发展人的过程。当然,需要注意的是,要防止死读书,当所有的读书学习都能围绕工作需要,都能助力解决当前困难时,成效才会凸显。这应该是很多人的切身体会。

在成为教研员及加盟上游学校后,我还深切感受到中小学教师对读理论书的畏惧,这种畏惧是对学术产生"无意高攀"意识的症结所在。或许,很多教师和习芳老师有相似的体验,"以前很少想到研究。从内心来说,我是惧怕理论这个东西的。到上游学校之前,我很少看教学理论方面的书籍。"又或许,部分教师有和晓静老师一样的经历,"以前,我虽在其他单位已经工作了11年,但几乎没有听到过课题研究,身边的人也没有真正静心写论文,更没有人著书立说……读书这条路是上游学校帮我打通的。"还或许,也有教师像维君老师一样,曾经读过但当时不仅没感觉而且读不下去,"以前,读《语文科课程论基础》这样的书会觉得很枯燥,但这次读了一个多月,读着读着,竟有拍案叫绝的感觉。读着读着,发现……一下子,解开了自己的很多疑惑。"所以,得有了书到用时方恨少的迫切需求,才能让教师自己悟出读书的必要。研究,实质上,提供了促使教师觉悟的平台。

需要特别强调的是,读书的过程中要防止对哲学、对系统理论书的漠视乃至敌意。蔡老师的故事告诉我们,很多教师的发展瓶颈问题不是经验的问题而是专业知识的缺欠。人类社会已经发现的知识通过教师的创造性劳动传承,而传承的根本是在继承中创新。具备学科专业知识是成为教师的前提,具有精湛的专业知识是成为优秀老师的基本素质。但仅有学科知识远远不够,因为前人发现的知识和学生的生活与学习经验存在很大距离,所以教师还要具备心理学、教育学、教学法等方面的知识,使教师能基于学情创造性地设计学习活动,搭建学生更容易理解和掌握知识的桥梁,使学生更好更快地掌握知识,学会学习的方法,发展思维能力,提高核心素养,最终为学生创造性应用知识奠定基础。同时,教学过程中还不能忽略潜移默化地培养学生健康向上的情感态度与价值观。所以优秀的教师既有坚实的学科专业知识,又有尊重学生身心发展规律、巧妙设计教学的专业技能,更有通过自身人格魅力所彰显出的专业情意。就像文卫星老师那样,能让学生因为喜欢自己,越来越喜欢自己所教的课,甚至还使学生有志于在这个领域内发展。

在教师专业发展过程中,特别要防止出现教书的教师不读书的现象。教师不读书,不仅制约发展,又怎能走上研究道路?建设书香校园,本质诉求就是促使师生读书。大家常说，上行下效。在学校，如果校长爱读书，重理论，那么学校就容易形成读书氛围，师生就易于养成研究的意识与习惯，学校发展就能跳出经验的藩篱。教师能用理论指导实践，就自然而然会发现问题、解决问题，创造性地开展工作，提质增效就水到渠成。所以建设浓郁的学术型学校文化有助于推动教师走上研究道路。这一点，刘晓静老师的反思有一定普遍性和导向性，"到了上游学校之后，读的书越来越多。虽然有的书读的也不是很懂，但我感到书帮我打开了一扇又一扇窗……是这些书籍在不停地帮我拓展自己的认知边界……在读书的过程中，我发现，自己慢了下来，开始观察自己的工作，审视自己的课堂，反思自己的教学行为……我感到，读书搭建着自己教学的台阶。""不停地学习，不断地读书，我的眼界一点点地打开了……"

胡老师说："从实践问题出发，从经典的教育教学理论中获取思想的启发，在实践中再加强理解，从实践到行动，这种专业成长的过程就是能动的行动过程。"她的观点值得深思，值得挖掘。

第五层，反思习惯

从16位教师的故事中能发现，他们都很重视反思。其中，有几位教师还非常清楚地表达了他们有多年的反思习惯。如，坚持几十年如一日，坚持写教学反思的宋君老师，他说："直到今天，我每天在学校写完教学反思后才回家。之后，再把反思写成小短文。"又如，刚参加工作就有幸跟随教研员做了3年课题研究的潘建明老师，他通过参加项目组的活动受到启发，养成了每天晚上回顾当天的课的习惯，他主要反思："1. 课的成功之处；2. 有待改进的问题；3. 与学生交流的过程中发现的学情、教情中的问题。"而且潘老师的"回顾和反思都做笔记。回顾重点是看预设的方案和实际教学中的不同，查摆问题，总结经验和教训"。再如，养成了随时记录的习惯的文卫星老师，他的论文或著作中"用到的例子都是平时记录的，把这些内容'粘贴起来'、规整到整体框架下。写文章，只要有整体思路，又有论据支撑，写起来就很快。而这些论据都是平时随手记下来的。包括写书，很多东西都是当时有了感觉，随手及时记录下来的；也包括让学生写的章末小结，每一章学习结束后，会让学生写小结，只要发现写得好的，我就会记下来。"

目前已经成为博士生导师的胡老师在回顾自己的研究成长经历时说："中学教师都有研究意识，只是这里的研究是广义的，因为各种教学反思就是研究，对教师的发展也能起到一定作用，但这种研究是不系统的，也缺乏对问题深层原因的探究和理论的解释。"她经过硕士、博士阶段的理论学习，有了系统、本质的反思，是从教育教学的本质而不单纯是对技术上的反思。

胡塞尔在《纯粹现象学通论》中指出，反思是意识流的回溯。而回溯是逆的意思。也就是说，当教师能让意识流回溯，主动反思自己教育教学的思维与行为方式，就是逆流而上的行动，这恰是教师专业成长的内在机制，使得教师的教学具有超越的可能。

中小学教师反思内容的面是比较广的，既可以围绕课堂教学的点滴得失坚持反思，还可以根据学生的个别变化跟进反思，更可以根据自己的体验感悟进行反思。当然，这样的反思是零散的、随机的、不成体系的，但积少成多、坚持多年，一旦遇到让自己感兴趣的理论，就能与之呼应，与之碰撞，然后再针对性思考、实践，比较、分析，总结、提炼，就有可能像姜连国老师那样，"基于一些基本理论和教学实践，选准自己的方向，坚持思考、实践，逐渐形成了自己的特色"，逐步走上"实践+学习+思考+写作"的研究道路。

教师在研究道路上的发展，是一个不断更新原有经验世界的过程。这里的更新，既有像张习芳老师那样本着让课上得轻松、愉悦，自觉调控、自主改进的实践探索过程，更有像兀晓燕、蔡维君老师那样，在实际经验中应用理论指导实践并发展理论思维、拓宽认知边界、重塑经验世界的变革过程。后者是解决胡老师所说的"各种教学反思就是研究，但这种研究不系统，缺乏对问题深层原因的探究和理论的解释"问题的出路。

课程改革推进过程中，公认的促进教师专业成长的路径有3条，即专家引领、同伴互助、个人反思。[①]在和很多中小学教师沟通中也能感受到，他们对

---

① 刘历红. 小学教师课堂教学艺术生成策略研究[M]. 北京：中国社会科学出版社，2019：2.

反思助力自身专业成长的高度认同。只是如何更好地反思，他们也心存困惑，从16位教师的成长故事中或许可以找到答案。首先，反思的价值与意义不言而喻，因此可以肯定的是，坚持进行反思是正确的，无论是对教学精进还是研究成果的转化都是基础性的工作；其次，如果深入追问就会发现，对反思的困惑相对集中于怎样做才能像优秀的教师那样，把反思的成果扩大化，让反思的输出可视化，让反思的形态学术化。对此，无论是宋君老师、姜连国老师还是潘建明老师、文卫星老师，无论是何耀华老师还是蔡维君老师，他们转化的桥梁都是对理论知识的学习、思考与应用。也就是说，实践反思的活化与升华，需要理论知识的碰撞与催化，否则，难以使反思的价值最大化。

第六层，寻求意义

"人被宣称为应当是不断探究他自身的存在物——一个在他每时每刻都必须查问和审视他的生存状态的存在物。人类生活的真正价值，恰是人在于这种审视中，存在于这种对人类生活的批判态度中。"[①] 人是一种以意义为生存本质的高级动物。

所谓意义，是人之存在的意义，指的是人在对象化的活动中克服一切障碍，创造人的世界中的自我理解和自我确证。它表现为精神上的充盈、生命活动的激发、自我素质的超越以及人的主体性发挥的自由创造感等。为此，人在从事任何一种活动时，不仅需要在观念中构建出一个理想的蓝图并将其不断现实化，而且必须为活动过程与活动目标做出合理合法的论证，即寻求意义的支持。这种意义的支撑既是一种终极性的证明，又是人们获得认同，达成共识并采取协同的行动，甚至是为之献身的价值基础。

从某种意义上说，对意义的追寻，对人的生命和世界的根本意义的理解和阐释，是人的一切生命活动的根本出发点，是人类文化活动的本质。正是在人与世界的互动中，孤寂的、对象化的世界由于获得了人的意义性、价值观，从而成为

---

① 恩斯特·卡西尔. 人论 [M]. 甘阳, 译. 上海：上海译文出版社，1985：8.

"诗意的世界";人也正是在这个"诗意的世界"里展现自己的自由创造本质,阐扬自己对真、善、美的渴求,获得精神和心灵的慰藉,实现自己的全部生存目的和意义。

教育作为一种培养人的社会活动,同样也是人类审视的对象性活动之一。人们在参与教育的过程中希望掌握更多的教育规律,得到更多的知识和技能,能更好地适应社会发展的需求,这是教育操作层面关注和必须解决的问题。但人们又绝不会仅仅停留于此,人在参与教育和得到教育的同时,会运用自我意识反思教育,探寻"我为什么要接受这样的教育?""这样的教育对我有何意义?"正是在这样不断地反思和追问中,人才可能获得精神上的慰藉,论证着教育的合理性,进而获得人生的意义之基、生存之本。真正的教育必须两者兼顾,辩证统一。也就是既让学生掌握足够的知识和技能,增长才干,使他们能更好地适应社会。同时还必须让受教育者理解为什么要接受这样的教育,这样的教育对他们的自身成长和发展有什么意义,让学生在经历教育的过程中,体验教育给他们带来的内心满足和心灵敞亮,让他们感悟教育充满生活和成长的乐趣,使他们得到精神上的关照和提升。只有这样,教育才能发挥其促进人的全面发展的作用,才是充满了意义的教育。否则教育就是片面的,培养出的学生只能是单向度的。所以,教育的全部价值和意义不仅仅局限于掌握生存所必需的知识与技能,满足人的物质需求,而是要不断超越给定的自然素质,不断丰富人的内心世界,促使每个人在社会生活中具备充沛的精神力量和实践能力,过上有意义的幸福生活。[①]

16位中小学教师,他们每个人对自身存在的意义、对学生发展的意义、对教育意义的探寻虽然表现形式与表达方式存在差异,但本质是一致的。爱思考的于瑶老师在追问"我快有10年教龄了,我的教学风格是什么?怎么能让学生更受益?"中原名师宋君"三四年前开始聚焦主题。现在是有意识地在梳理自己的教学主张。当下,很明确的一点是,我申报、主持的所有立项课题,研究都指向了自己的教学主张。"特级教师姜连国老师,他所追寻的是自己从教的存在价值。他说:"从功利心到非功利心,不容易。作为一个中学教师,一辈子教学,我总

---

① 姚远峰. 寻求意义:现代教育之转型 [D]. 上海:华东师范大学,2003:1-11.

在想，除了教学之外，我能不能留下点东西？而要想留下点东西，一定得有自己的追求，得有自己的动力，得让教育研究成为习惯。"而何耀华老师对"到底要教给学生什么"的追问贯穿了她几十年的教学生涯……

在对意义的寻求过程中，丁保先老师的感悟是"因为站在孩子终身发展的立场上，抓住做人的规律，才能做好教育，才能做好阅读。"所以，她二十多年来，一直这样做。宋建峰老师在追问"为什么不同的人，人生有那么大的差距？"他确定的信念是"经济越落后的地方，教育越要给人希望"，他确定的行动目标是，"我们不能拉长人生的长度，但我们可以拓宽人生的宽度，从自身出发，做一些发光的事情。""虽然我的能力不大，但也可以发出光。不让我们的孩子遇到不恰当的老师。我们尽可能影响身边的孩子，让自己教的孩子成为眼里有光的人。让他们有明晰的人生目标。只要孩子眼里有光，就有希望！"

在坚持做研究的过程中，胡新颖老师体验到了使命感。她说："有了使命感后，我就想通过教研让世界变得更加美好。那段时间，我的觉悟猛地提高了！我不再想着去谋取更高的职位或者得到更多的认可，而是想着怎样把研究做得更细致一些，怎样把研究的东西推到全国各地，让更多的老师受益……我的使命就是引领更多的一线教师走上教研这条路。当有了这种觉悟之后，格局也打开了，研究任何事，站位也不一样了。""当站位变了，研究的方向和本质就打开了。这一年，我被评为特级教师，这让我更加坚信，成绩不是争取来的，而是你努力之后，闪光之后，你把自己变成一个发光体之后，被发现的。"

研究，在让教师感悟自身存在意义的同时，更让学生体验到上学是种美的享受，即便多年后，他们忘记了课堂上学到的定理和公式，但教师创造的美好也将让他们铭记心中。

后记

特别想知道中小学教师是怎样走上研究道路的

 缘起：一位教师的提议

2022年1月，我的著作《选择相信：在心理实验中发现教育解困的密码》出版后，有一天，在和我们学校刘晓静老师沟通时，她对我说："您天天带着我们做教科研，能写一本关于怎样做教科研的书吗？有了这样的书，我们做研究就会更明确、更系统。"

面对晓静老师的提议，当时我并没有爽快地答应。一是考虑到日常工作琐碎、繁杂，而且常常会有突如其来的事务，占用很多的时间、精力；二是2021年，我就在为写"心理实验"系列的第二本做准备。不过，晓静老师的提议带给我新的思考，身为分管教师发展的副校长，帮助教师系统地做教科研既是我的岗位职责、分内工作，也是我多年来积极投身其中、努力要做好的事。面对老师的需求，我不愿辜负他们的信任，乐意竭尽所能，为他们在研究道路上更好地发展做好服务、支持与引领。

发现：比较结构产生了新问题

为了回应晓静老师的提议，我首先查阅相关资料，结果发现：市面上有很多指导中小学教师做教科研的书，作者的背景很多元，既有高校教授，也有各级教研员，还有一线教师。进一步分析发现，这些书内隐的假设是，中小学教师有研究意愿或已启动了研究，在实施时遇到了困难，需要得到帮助、指导和规范。我对这个假设心存质疑，因为它和我的经验不一致。无论是做教研员还是在上游学校做教师发展工作，事实表明，具有研究意愿的教师在研究中遇到困难，一般都能自觉、主动地寻求帮助，如请教专家、查找文献、主动看书等，会想方设法地解决困难。相比较而言，研究路上的难点是没有意愿的老师，这些老师或是对研究充满畏惧，觉得"高攀不起"或根本"无意高攀"；或是认为研究离自己很远，跟自己没什么交集……因此，让对研究没兴趣、没热情、尚未具备研究意愿的老师，觉得研究和自己无关、尚未开启研究的老师，跨过研究的门槛，走上研究道路，才是重点和难点。

这个问题是在比较两个结构的过程中发现的。这两个结构，一个是现有关于中小学教师做研究的书的结构，另一个则是我自身对中小学教师做研究的认知结构。我认为，从研究的完整历程看，应该在现有研究的前面，增补上激发内动力的环节，这样关于中小学教师做研究的逻辑链就完整了。

设计：访谈16位中小学教师

有了以上发现后，我对中小学教师究竟是怎样走上研究道路的这个问题，充满好奇！

我特别想知道，究竟是在什么时间、发生了什么事、什么样的契机、促使中小学教师跨过了研究的门槛。为此，我设计了研究的基本框架：

1. 研究问题：中小学教师是怎样跨过研究的门槛，成为研究型教师的？
2. 研究方法：访谈法。

为了保证研究的客观性与典型性，所选的16位教师年龄不同、学科不同、学段不同、地域不同、研究成果的影响力不同、个人发展的结果也不同。之所以这样选择研究对象，是希望中小学教师在阅读时，能找到自己的影子，找到自己的榜样，找到选择的多种可能性。

论证：专家把关

前期充分的论证是保证研究价值与顺利实施的关键。为此，我先后联系了教育科学出版社的专业编辑刘灿老师，以及我博士期间的导师王鉴教授，请他们从不同的角度，帮我分析论证。

刘灿老师听完我的思考后，认为这个选题很有价值。他说："找到老师为什么做研究的契机，有助于挖掘内在动力。的确，这是此前出版的关于中小学教师做研究的书中有所忽略或欠缺的部分。你的选题刚好补上了这个缺欠。"随后，他发给了我4本相关著作，让我参考，教育科学出版社出版的《从问题到建议——中小学教育研究行动指南》（张丰著）、《7天带你做教研：教研新界》（张伟春著），中国人民大学出版社出版的《今天怎样做教科研——写给中小学教师（第三版）》（冯卫东著），华东师范大学出版社出版的《教师如何做研究》（郑金洲著）。

王鉴老师听了我的陈述后，认为这个研究问题选得很准。他说："你有敏锐的问题意识，发现了一个很有研究价值的问题！"同时，他还认为，通过讲述一线教师走上研究道路的故事，探求他们走进研究大门的契机，有助于带动更多的中小学一线教师走上研究道路。这对教师、对学生、对学校、对整个中小学的教育教学改革，无疑具有重要且积极的意义。

两位专家的反馈极大地增强了我的研究信心，进一步激发了我的研究动力。

反馈：访谈对象的积极回应

根据多元化地确定访谈对象的预设，我列出了访谈对象的姓名、学科、学段、所在省份等信息，逐一进行沟通。16位教师在听完我的意图后，有4种反馈。

首先，有11位老师当时就表示积极配合，其中有几位老师觉得我的思考总是出其不意，感到佩服，并认为这个问题很有针对性，值得研究。其次，有3位教师觉得自己没写论文、没出书，没什么研究成果，担心配合不好，怕影响我的研究，但听完我对研究的界定与理解后，她们不仅打消了顾虑，而且对研究有了新的思考，并表示一定积极配合。再次，有1位教师觉得我要访谈的问题本身存在问题，她说："教而不研则浅，研而不教则空。我们是教师，不研究怎么能教好？教师的工作每天都在做研究，研究教材，研究教法，研究学生……不研究，就教不好。"最后，还有1位在高中任教过18年的教师，她担心自己会成为反例，因为她读完硕士（在职）、博士后，留在了高校，没有再返回中学。我认为，她的经历也是中小学教师做研究、促发展的一种选择的可能性，在达成共识后，她成为我最后一位确定要访谈的对象。

概念：我对研究的界定与思考

对研究的思考与界定，既决定着我对访谈对象的选择，又关乎研究对象对自己走上研究道路的判断，还关乎能否启动、挖掘更多中小学一线教师的内在动力。所以，面对访谈对象的回应，尤其是对觉得自己"没写论文、没出书、没做什么研究"的老师，我表达了对研究的界定与理解。

我认为，研究就是解决问题。但它是个系统，有多个层级，研究成果影响力的大小决定着研究所在的层级。

对中小学教师而言，研究主要是解决自己课堂内的问题。当自己的课堂问题能得到解决，上课的体验能从郁闷变为愉悦时，就表明研究取得了一定的成果，只是影响力较小而已。当这个成果既能解决自己的问题，又能解决身边同伴的问题，还能解决备课组内或校内其他学科教师的问题时，说明成果的影响力在不断扩大，只是它尚处于经验的层面，因为无须转化成文字，只需通过口头介绍、课堂观察、言语交流就能传递经验。当成果经过挖掘、总结、提炼，并转化成文字，且以教学案例、教学故事、教学随笔、教学反思等形式输出，如发表出来，还能解决本地及外地同行的问题时，影响力就随之扩大，研究成果的价值也进一步提高。当对课堂乃至教育领域的问题有了自己的独立判断、自己的教育主张，形成了专门的、系统的研究成果，并以论文或专著的形式公开发表，在理论与实践层面能解决更多人的教育教学问题时，研究就达到了很高的层级，即学术的层级。因为学术是生产系统、专门的知识的，因此，研究与学术既紧密联系又有所区别。从这个意义上说，我认为，研究是学术的根本，学术是研究的升华。

亲爱的读者朋友，如果按以上对研究概念的界定与内涵的理解，评估被访谈教师的几种反馈：首先，认为自己没发表论文、没出书，就是还没开始研究，这是把学术等同于研究了，把研究定位为高层级的学术，难免会觉得研究高不可攀、距离自己很遥远，这或许是很多中小学教师对研究心存畏惧的潜在原因；其次，认为中小学教师天天都在做研究，每天都要研究教材、教法和学生，不研究就教不好，这是把研究的起点等同于了研究。我认为，这两种观点都是将研究的某个层级等同于研究了，都需要进行认知调整。当我们对研究层级的认知趋于细致时，既有利于立足于日常教学做研究，即以研究的方式做好日常工作，实现在工作中研究、在研究中发展，又有利于消除对研究的畏惧之心，还有助于教师建立促进教育教学品质不断提升的自觉意识，有助于激发与维持教师追求自我超越的内动力。

同时，我还认为，中小学教师做研究，不一定非要达到学术的层次，只要能不断地解决自己的课堂问题，让课堂越来越精彩，就能体验教的乐趣，享受作为教师的成就感。而学生也能同步体验到学的乐趣，享受作为学生的成长感。当师生的愉悦感相互促进时，就能碰撞、生成出共同成长的快乐，课堂生态、教学生态、学校生态就会形成良性的生长态势。当然，如果教师研究的层级能逐步上升，那么教育品质、学校品质就会发生质的飞跃。

从教三十多年，我发现，如果一所学校没人做研究，那这所学校一定很平庸。如果一所学校有3%～5%的教师在做研究，就能带动一批人，从而逐步形成积极向上的发展态势。全国一流名校一定有一大批教师在做研究，且一定有很多人达到了学术层级的研究。我想，当一所学校有15%～20%乃至更大比例的教师能持续做较高层级的研究时，这所学校就具备了腾飞的后劲，终会赢得高质量发展！

因此，研究自己的课堂，能转变一位教师，让一个班或多个班的孩子受益。在一所学校里，如果有多名教师研究自己的课堂，就能改变一所学校，能让更多的孩子受益。若有越来越多的中小学教师走上研究道路，就能改变整个基础教育现状，能让这个国家和民族受益！